alliteraverlag

Michaela Homolka

Topographie des Möglichen

Macht und Ohnmacht bei Adorno und Nietzsche

Weitere Informationen über den Verlag und sein Programm unter:
www.allitera.de

Bibliographische Information der Deutschen Bibliothek

Die Deutsche Bibliothek verzeichnet diese Publikation
in der Deutschen Nationalbibliographie; detaillierte bibliographische
Daten sind im Internet über <http://dnb.ddb.de> abrufbar.

Michaela Homolka:
Topographie des Möglichen
Macht und Ohnmacht bei Nietzsche und Adorno
Zugl.: München, Hochschule für Philosophie, Diss., 2003
Für den Druck überarbeitete Fassung

Januar 2005
Allitera Verlag
Ein Books on Demand-Verlag der Buch&media GmbH, München
© 2005 Buch&media GmbH (Allitera Verlag)
Umschlaggestaltung: Kay Fretwurst, Spreeau, unter Verwendung
der Dionysos-Maske auf einer Halsamphora des Antimenes-Malers
um 530/520, Taquinia
Herstellung: Books on Demand GmbH, Norderstedt
Printed in Germany · ISBN 3-86520-081-8

Inhalt

Einleitung	7
Diskussionsstand	13
Sprache und Antisystem	17
1 Literatur und Tradition	23
2 Kritisches Potenzial der Begriffe	26
Nietzsche und die Macht des Geistes	33
1 Werkgeschichtlicher Aspekt bei Nietzsche	34
2 Geburt der Tragödie als Basis für Nietzsches Denken	38
2.1 Apoll, Dionysos und die Furcht vor der Wahrheit	42
2.2 Exkurs: Nietzsches Dionysos und Artauds Theater der Grausamkeit	54
2.3 Grenze und Grenzüberschreitung	56
2.4 Dialektik des Scheins	61
3 Geschichte und Hierarchie	71
4 Selbstbefreiung des Denkens	82
Adorno und die Ohnmacht des Geistes	86
1 Aufklärung	93
1.1 Selbstreflexion des Denkens	95
1.2 Totalität und Fragment	98
2 Negation	101
2.1 Selbstbefreiung und bestimmte Negation	101
2.2 Nihilismus	105
2.3 Minimalismus	113
3 Naturgeschichte	119
Grenze	125
1 Die Dinge oder die objektive Grenze des Denkbaren	127
2 Die Furcht oder die subjektive Grenze des Denkbaren	132
Schluss	138
Literaturverzeichnis	139
Personenverzeichnis	143
Sachregister	145

Einleitung

Die Topographie des Möglichen vermittelt zwischen Adorno und Nietzsche vor allem im Gestus des Extremen. Sie geht aus von der Annahme, Adornos Denken sei getränkt von Nietzsche. Ihre These: erst die Betrachtung von Adornos Werk aus einer Perspektive, die Adornos Verhältnis zu Nietzsche berücksichtigt, vermag jenen antisystematischen und wissenschaftskritischen Zug zu würdigen, der die Bedeutung von Adornos Denken ausmacht – verfolgt sie an der beiden Autoren eigenen Gestik des Äußersten, an der das Mögliche im übertragenen Sinn Grenzen und Grenzübergänge bildet und topografisch wird. Selbst wo Adorno davon spricht, alles solle gleich nah zum Mittelpunkt zu stehen kommen, bezeichnet dieser Mittelpunkt – wenn auch paradox – ein Extrem, er ist vielmehr das Zentrum eines Widerspruchs und dessen Zuspitzung, statt ein in sich Ruhendes. Folgt Nietzsche der Logik der äußersten Selbstüberbietung, so behält Adorno dies: *Der Logik spotten, wenn sie gegen die Menschheit ist*[1] als Imperativ bei und behauptet in diesem alogischen Affekt seine sozialphilosophische Wendung. Das Extremmögliche nährt bei beiden einen für ihr Denken bezeichnenden dialektischen Impuls der sich letztlich der ungedeckten Freiheit des Denkens gegen das Bestehende verschreibt.

Das Verhältnis der zwei Philosophen zueinander wird im Folgenden in einem Spannungsfeld entfaltet, in dem sich das Adorno- wie das Nietzscheverständnis verändert. Adorno äußert sich an verschiedenen, verstreuten Stellen seiner Schriften zu Nietzsche. Oft lauten sie ähnlich: Nietzsche werde sich selbst zum Absoluten. Zumindest ebenso bedeutsam wie dieser exoterische Bezug zu Nietzsche sind in Adornos Denken dessen latente. In der Vielschichtigkeit seiner verdeckten Anspielungen auf Nietzsche pflegt er seinen ausgeprägten Hang zu einer Esoterik, in deren wissenschaftskritischen und nicht ausdrücklichen Moment ein Impuls zur Unmittelbarkeit und Praxis des Denkens angelegt ist. Gerade im Umgang mit dem Bürgerschreck Nietzsche waren für Adorno gesellschaftliche, politische, kollegiale und wissenschaftliche Rücksichten[2]

---

[1] Adorno, GS, Bd. 3, Dialektik der Aufklärung, S. 245
[2] vgl. Martin Jay, Dialektische Phantasie, Die Geschichte der Frankfurter Schule und des Instituts für Sozialforschung 1923–1950, Frankfurt a. M., 1976

maßgeblich. Zu einer Nietzscheapologie wie sie George Bataille[3] in Frankreich anlässlich Nietzsches 100. Geburtstag noch während des deutschen Faschismus unternahm, war man in Deutschland unter der Last des Geschehenen längst nicht fähig. Und so, im Andenken gegen verinnerlichte und von außen aufgepflanzte Zensuransprüche, wird für Adorno das Ringen um die Selbstbefreiung des Denkens Stil und Programm. Im Duktus seiner wahrlich außergewöhnlichen Sprache baut er eine teleologische Spannung von Verdecken und Offenbaren auf, durch die er das Psychogramm eines Denkens entwirft, dessen autonomer Zustand erst in die utopische Unmittelbarkeit einer befreiten Praxis mündete. Und vor dieser Utopie wird sein introvertiertes Verhältnis zu Nietzsche als die Innenseite seiner Schriften deutbar, durch die er mit einem von Nietzsche inspirierten negativen Sensorium jene zur positiven Erkenntnis andere Seite strategisch wie inhaltlich ins Auge fasst.

Erkenntnistheoretisch besteht die *Negative Dialektik* Adornos in einer Fortentwicklung des Dialektikbegriffs nach Hegel und Marx, die ohne Nietzsche in dieser Form niemals möglich gewesen wäre. Inhaltlich betreibt sie die philosophische Demontage des logischen oder absoluten Subjekts. In dem Maß, in dem Adorno bei diesem Zersetzungsprozess des logischen Subjekts die Objektseite von Hegels Dialektik in Anspruch nimmt, um jenen freien Geist ins Auge fassen zu können, den Nietzsche für sich reklamiert, folgt er Marx. In dieser Hinsicht pflegt Adorno einen stark verdünnten Marxismus, der aber in der Identitäts- und Tauschkritik eine epistemologische Radikalisierung erfährt, die Marx gewiss fern lag. Adornos fortschreitende Entwicklung der Objekt-Subjektdialektik steht unter dem Eindruck von Nietzsches großem Thema der Selbstbefreiung des Subjekts mit jenem akribisch aufgezeichneten Selbstexperiment der *großen Loslösung*. Wenn im Prozess der Nietzsche'schen Selbstentbindung die Wahrheit der Macht zum Angelpunkt des Denkens gerät, so liefert Adorno parallel dazu, wenn auch nachträglich, die Demontage des absoluten Subjekts. Jenes oberste Prinzip idealistischer Systematik hinterlässt nach gelungener Entmachtung zunächst ein logisches Vakuum, in dem räumliche Kategorien zum Extrem tendieren. Paradigmatisch ist hier Nietzsches Ruf *und stürzen wir nicht fortwährend?!* Nach Nietzsches Proklamation vom Tod Gottes bildet Adorno seine antisystematischen Konstella-

---

[3] Wiedergutmachung an Nietzsche, 1999, München

tionen und Modelle, in denen die Begriffe und Sätze geradezu personifiziert miteinander in Beziehungen treten, und vollzieht damit Nietzsches grundlegende Ausrichtung des Denkens an den menschlichen Verhältnissen nach. Wie die räumliche Anaolgie steht die anthropomorphe unter dem Primat des Extrems: eines Machtstrebens, das sich im Spannungszustand aus Statik und permanenter Kampf-, Überwindungs- und Selbstüberwindungssituation entwickelt und den prozessiven und widersprüchlichen Charakter von Nietzsches Schriften bestimmt.

Vor diesem Hintergrund zielt Adorno auf eine dialektische Erkenntnis, die erstens das von Nietzsche errungene Bewusstsein über Macht integriert und zweitens Nietzsches Wende von der theomorphen zur anthropomorphen Verfassung des Denkens mit vollzieht. So spricht Nietzsche vom *Uhrwerk seines personenbildenden, personendichtenden Triebes*[4] und erschließt damit auf seine Weise aus dem intersubjektiven Bereich das Potenzial des Satzes, Wissen sei Macht neu. Entwickelt Nietzsche als Machtpsychologe seine Einsichten, wird ihm die Sprache zum Abdruck der aus verleugneten Machtansprüchen geprägten menschlichen Existenz. In seiner Folge wird die *Ohnmacht der Macht*[5] für Adorno zur mythischen, weil geschlossenen Denkfigur. Verfangen im eigens für den Selbstbezug reproduzierten Mechanismus wird Adorno zufolge Macht zum undurchschaubaren Mythos und gerät damit ins Zentrum seines Aufklärungsdiskurses. Wenn Nietzsche versucht, sie mit einer hierarchisch verfassten Natur der Gesellschaft zu harmonisieren, muss er scheitern. Er selbst hat dieses Scheitern mit der Rekonstruktion des Machtmotivs als Grundlage aller Kultur beschrieben.

Nietzsche entfaltet die Horizontalstruktur des Machtgedankens, indem er sich konsequent auf die Geltung vitaler Impulse im Denkakt beruft. Anders als die Wissenschaftler des Geistes, zieht er, analog zu Gautiers Heldin *Mademoiselle de Maupin*, aus, um in der *weiten, weiten Welt die große Wissenschaft des Lebens zu erlernen.*[6] Mit einer Strenge, die nur er so kennt, hält er die Idee der Macht im Bereich des Individuums fest und schreibt sie dort nieder. Durch diese Ausschließlichkeit erreicht er wiederum Totalität, aber entsprechend Adornos richtiger Diagnose als Individuelle. Wenn Adorno in der

---

[4] Nietzsche, KSA, 2, Menschliches, Allzumenschliches II, S. 389
[5] Adorno, vgl. GS, Bd. 6, Negative Dialektik, S. 399
[6] Théophile Gautier, Mademoiselle de Maupin, Stuttgart, 1965, S. 208

Folge von Nietzsche dem Machtbegriff anhand geschichtsphilosophischer Analysen nachspürt, setzt er ihn rekonstruierend mit der Kategorie der Totalität aus der traditionellen Philosophie in Verbindung. Auf diese Weise bringt er wie zur Orientierung in einem wildgewordenen Denken eine Art Wegweiser in Nietzsches Umkreis ein. Mit Hilfe seiner Kritik, die Adorno an der Kategorie der Totalität errichtet, bildet er die philosophische Brücke zwischen Nietzsche und dem Idealismus. Und so war Adornos Auseinandersetzung mit dem deutschen Idealismus nur dazu da, um im Gefolge von Nietzsche nachzudenken und überhaupt die Höhe jener philosophischen Aktualität zu erreichen, die seinem geschichtsphilosophischen Anspruch gerecht wurde und die Nietzsche im Sprung längst erreicht hatte. So nennt er in seinem Vortrag: *Wozu noch Philosophie?* jenes Rimbaudsche: *Il faut être absolument moderne* kein ästhetisches Programm und keines für Ästheten, sondern den kategorischen Imperativ seiner Philosophie.[7]

Im Folgenden werden Nietzsche und Adorno einem Spannungsverhältnis zwischen Totalität einerseits und der Möglichkeit andererseits ausgesetzt. Adorno, der nur zu gut weiß, dass seine Totalitätskritik selbst von dieser, für sein Denken obersten Kategorie abhängt, reflektiert in weiten Bereichen gerade diesen, von ihm selbst als paradox gewerteten Sachverhalt, indem er von Totalität als seiner eigenen Erfahrung ausgeht und sie von daher mit ihrer metaphysisch idealistischen Zuspitzung ins Verhältnis setzt. Hier ist ein Ausweg aus aporetischen Strukturen angestrebt und zwar entlang von gleichermaßen konkreten wie abstrakten Motiven. Die Annahme, der Begriff der Möglichkeit, mit seinem integrativen Potenzial, sei weniger widersprüchlich denkbar als der bloße Machtgedanke, liegt dem zugrunde. Die vorliegende Arbeit gewinnt die Kategorie der Möglichkeit dadurch, dass sie Nietzsche und Adorno in ein Verhältnis bringt aus dem sie, konzipiert als Grenzbegriff, Konturen gewinnt, während sie allgemein genommen bloß beliebig und abstrakt bleibt. Sie wird zum äußerst Möglichen, im Sinne des Denkbaren, und in

---

[7] vgl. Adorno, GS, Bd. 10.2, Kulturkritik und Gesellschaft II, S. 473; vgl. auch den Aufsatz von Burkhardt Lindner, »Il faut être absolument moderne«. Adornos Ästhetik: ihr Konstruktionsprinzip und ihre Historizität, in: Materialien zur ästhetischen Theorie Th. W. Adornos Konstruktion der Moderne, Hg. Burkhardt Lindner und Martin Lüdke, Frankfurt a. M., 1980, S. 261–309

dieser Zuspitzung korrespondiert Nietzsches Kategorie der Macht mit Adornos oberster Kategorie der Totalität. Während die Kategorie der Totalität einen Macht-Ohnmachtreflex impliziert und reproduziert, provoziert die Kategorie der Möglichkeit den Paradigmenwechsel hin zu einem Anderen, das in einer Hierarchie der Werte den Primat der Autonomie zumindest nicht länger ausschließt.

Versagt sich das asystematische Denken streng jeder wissenschaftlich fundierten Definition, muss es die Extrembereiche seiner Begriffe erproben. Es folgt dann der inneren Dynamik dieser Begriffe bis an deren Grenzen. Durch diese Bewegung erreicht das Denken eine ungewöhnliche Plastizität. Rilkes Aufsatz zu Auguste Rodin,[8] überschrieben mit einem Satz von Pomponius Gauricus aus dessen um 1504 entstandener Schrift *De sculptura*, evoziert exakt dieses Bild Nietzsches mit dem Hammer:

»Die Schriftsteller wirken durch Worte ... die Bildhauer aber durch Thaten.«

Mit einer seine eigene äußere Form beschreibenden Plastizität erhält das Denken den Anschein von Unmittelbarkeit und Praxis zugleich. Auch Adorno ist diese gewisse topologische oder plastische Qualität in der dialektischen Zuspitzung seiner Gedanken wie die Ausweitung seiner Begriffe nicht fremd. Schließlich ließ der Versuch, diese Art der Zweideutigkeit zwischen Theorie und Praxis aufzuklären, jenes Missverständnis eskalieren, das zwischen Adorno und der Studentenbewegung seiner Zeit herrschte. Demnach sind Wort und Tat nicht ohne weiteres in Theorie und Praxis transformierbar. Praxis bei Adorno ist immer innig mit einer ästhetischen Form verschwistert.

Die Topografie des Möglichen beschreibt Adornos wie Nietzsches Denken in seiner Grenzwertigkeit. Die für Nietzsches Denken konstitutive Über- und Unterschreitung der Umrisse des Denkens bildet gewissermaßen das Ferment seiner Idee der Macht, so wie sie sich auf den äußersten Bereich des Möglichen bezieht und sich in keiner Phase mehr mit einem, mit logischen Mitteln verifizierbaren Begriff von Wahrheit deckt. Der Anspruch auf ein Urteil über Wahrheit und Falschheit von Aussagen bei Nietzsche zergeht, weil dessen

---

[8] Rainer Maria Rilke, Auguste Rodin, in: Die Kunst, Bd. 10, Hg. Richard Muther, Berlin, 1902

Wertung nicht mehr am logischen Verfahren partizipiert und von daher seine Objektivität bezieht, sondern rein subjektiv einer Logik folgt, die sich am *Leitfaden des Leibes* orientiert und bisweilen am Leitfaden seiner bloßen Existenz. Er hält die philosophischen Implikationen des Denkens nicht für ewige Gesetze. Dadurch, dass Nietzsche den Wertekanon seiner Zeit als das Resultat einer fundamentalen Schwäche, die dennoch unwillkürlich, wenn auch verkehrt am Ressentiment, dem Mechanismus der maximalen Machtsteigerung folgt, dechiffriert, lässt er ihn zur moralischen Konvention schrumpfen. Weil der Primat der menschlichen Verhältnisse nach Nietzsche nicht in Moral, sondern in Macht besteht, sieht er sich ins Recht gesetzt, diese Moral zu überspringen, um eine Moral der Stärke zu entwerfen, die, wie er glaubt, den Komplex von Moral und Macht endgültig aufklärt. Macht wäre demnach nicht mehr defizitär konzipiert, sondern Fülle. Nietzsches Denken greift im überscharfen Bewusstsein von dessen anthropomorpher Ausprägung, am gemeinsamen Angelpunkt von Ethik, Moral und Erkenntnistheorie – wie Adornos. Wird das Denken von der Kategorie der Möglichkeit aus interpretiert, ergibt sich demnach eine Perspektive, die Nietzsche sowohl wie Adorno betrifft: die Möglichkeitsform der Philosophie als Gratwanderung am Rande der Wissenschaft, wenn man so will eine Bewegung entlang ihrer Grenzen. Sie knüpft ebenso an Kants Antinomien wie an der sokratischen Tradition des gelehrten Nichtwissens und der negativen Theologie an.

Diese Grenzthematik hat zwei Aspekte, erstens problematisiert sie die Beziehung des Denkens mit dem zur Wissenschaft Äußerlichen und Anderen: dem Nichtwissenschaftlichen mit den beiden Polen der Subjektivität und der Objektivität. Subjektivität im Grenzbereich der Wissenschaft steht hier für Formen des menschlichen Bewusstseins mit Bereichen wie Furcht, Rausch und Traum. Objektivität bezieht sich auf die dingliche Seite im Erkenntnisakt, die sich, wird sie problematisiert, aber nicht in jedem Fall anbietet zum wissenschaftlichen Objekt und sich der szientifischen Durchdringung mitunter notwendig entzieht. Und zweitens führt diese Thematik des Äußersten für die nach Nietzsche *Wissenschaft selbst zum Problem* wird, philosophisch unmittelbar zu jener Wissenschaftskritik, die Adorno Nietzsche zuneigt.

Diskussionsstand

Zum Verhältnis Adorno–Nietzsche besteht in der Sekundärliteratur eine Anzahl verstreuter Bemerkungen, Hinweise, Vorträge und kürzerer Aufsätze vor allem im Bezug zur *Dialektik der Aufklärung*. So unterscheidet Henning Ottmann in seinem Aufsatz: *Nietzsches Stellung zur antiken und modernen Aufklärung* drei Phasen der Aufklärung bei Nietzsche, deren zweite sich mit der *Dialektik der Aufklärung* in etwa deckt und die den extrem weit gefassten Aufklärungsbegriff von Adorno und Horkheimer teilt. Ihre Stufen sind: erstens die »Freigeisterei«, zweitens »die Kritik der Aufklärung durch die Aufklärung« und drittens die neue Aufklärung, die sowohl als Kritik der Aufklärung wie als ein Neubeginn der derselben zu verstehen sei.[9]

Reinhard Maurer stellt in seinem Vortrag: *Nietzsche und die Kritische Theorie*[10] vor allem drei Aspekte heraus. Erstens schreibt er auch Nietzsche eine *kritische Theorie* (wohlgemerkt mit kleinem k) zu[11] und bezeichnet die *Kritische Theorie* als einen von Nietzscheperspektiven durchkreuzten Neomarxismus, ohne allerdings den immanenten Widerspruch dieser Behauptung zu entfalten. Zweitens zieht er eine aporetische Parallele von Nietzsches Übermensch zur Übergesellschaft der Kritischen Theorie. Maurers Begriff einer Übergesellschaft ist, nicht als Positivum, sondern dialektisch oder utopisch, tatsächlich in Beziehung zu Adornos Werk setzbar und wirft dann den Antagonismus von Individuum und Gesellschaft auf. Drittens weist Maurer auf die Latenz von Nietzsches Einfluss hin, so habe Nietzsche zu dem geistigen Klima gehört, in dem die erste Generation der Frankfurter Schule aufgewachsen sei.[12] In dem bahnbrechenden, weil provozierenden und spekulativen Vortrag von Maurer ist die Rede von »der« Kritischen Theorie insofern problematisch, als sie, gegen seine eigene Beteuerung, evoziert, diese sei ein homogenes Gebilde, was doch bezweifelt werden kann. Gerade an Nietz-

---

[9] Josef Simon (Hrsg.), Nietzsche und die philosophische Tradition, Würzburg, 1985, S. 10
[10] in: Nietzsche Studien, Internationales Jahrbuch für die Nietzsche-Forschung, Bd. 10/11, 1981/82, Ernst Behler, Mazzino Montinari, Wolfgang Müller-Lauter und Heinz Wenzel (Hrsg.)
[11] vgl. a.a. O., S. 34
[12] a.a.O., S. 36

sche scheiden sich die Geister innerhalb der Frankfurter Schule. Aus Gründen der Konfliktvermeidung[13] mit seinen Kollegen ist Adornos Nietzscherezeption weitgehend im Untergrund seines Werkes wirksam. Und gerade darin unterscheidet sich die vorliegende Untersuchung: Sie beruft sich nicht bloß auf die, wenn auch wichtigen, allgemein-klimatischen Verhältnisse, sondern fasst ein inniges thematisches Verhältnis von Adorno und Nietzsche ins Auge.

Wichtig ist Peter Pütz' Aufsatz *Nietzsche im Lichte der kritischen Theorie*, der 1974 in den *Nietzsche-Studien*[14] erschien, ebenso Norbert Raths Aufsatz: *Zur Nietzsche-Rezeption Horkheimers und Adornos* in dem Buch: *Vierzig Jahre Flaschenpost: Dialektik der Aufklärung 1947 bis 1987*[15].

Ergiebig scheint das Verhältnis Adorno-Nietzsche auch für den ästhetischen Bereich, wie im Aufsatz von Norbert Bolz: *Nietzsches Spur in der Ästhetischen Theorie*. Es handelt sich um einen bemerkenswerten Beitrag innerhalb der *Materialien zur ästhetischen Theorie Th. W. Adornos Konstruktion der Moderne*[16], der, obwohl er vorwiegend ästhetische Fragen berührt, doch weit darüber hinausgeht.

Auch Rüdiger Sünners *Ästhetische Szientismuskritik, Zum Verhältnis von Kunst und Wissenschaft bei Nietzsche und Adorno*[17] sowie dessen hochsensibler Aufsatz *Tanz der Begriffe*[18], in dem er Nietzsche und Adorno eine *Sehnsucht nach der Musikwerdung der Sprache*[19] zuschreibt, gehören hier erwähnt. Und außerdem von Bernd Bräutigam *Reflexion des Schönen – schöne Reflexion, Überlegungen zur Prosa ästhetischer Theorie, Hamann, Nietzsche, Adorno.*[20]

---

[13] vgl. Martin Jay, Dialektische Phantasie, Die Geschichte der Frankfurter Schule und des Instituts für Sozialforschung 1923–1950, Frankfurt a. M., 1976
[14] Ernst Behler, Mazzino Montinari, Wolfgang Müller-Lauter und Heinz Wenzel (Hrsg.), Internationales Jahrbuch für die Nietzsche-Forschung, Bd. 3, Berlin (u. a.), 1974
[15] Willem van Reijen (Hrsg.), Frankfurt a. M., 1987
[16] Burkhardt Lindner und Martin Lüdke (Hrsg.), Frankfurt a. M., 1980, S. 369–414
[17] Frankfurt a. M., Bern, New York, 1986
[18] in: Giulia Cantarutti (Hrsg.), Neuere Studien zur Aphoristik und Essayistik, Frankfurt a. M., 1986
[19] a.a.O., S. 193
[20] Bonn, 1975

Ein neuerer ausführlicher Beitrag, zum Verhältnis Nietzsche, Wagner und Adorno stammt von Karin Bauer. Ihr Buch, *Adorno's Nietzschean Narratives Critiques of Ideology Readings of Wagner* ist 1999 in New York erschienen. Karin Bauer leistet mit ihrer Bearbeitung des Verhältnisses Nietzsche-Wagner-Adorno Pionierarbeit, indem sie Parallelen von Nietzsches Wagnerkritik zu Adornos Wagnerrezeption und dem Begriff der Kulturindustrie bis hin zu Adornos ästhetischen Erwägungen zieht. Sie führt eine detektivische Arbeit auf diesem Gebiet vor.

Die allgemeine Adornorezeption, die sich nicht mit ästhetischen Fragen beschäftigt, geht von einer logisch-systematischen Perspektive aus, deren wohlmeinendes Missverstehen Adorno in den Kanon der klassischen Philosophie wieder eingemeinden will und den Bruch, den er vertieft, zu schließen versucht. So sprechen Verfechter des logischen Ansatzes wie zuletzt Sybe Schaap[21] davon, eine verdeckte Systematik in Adornos Werk aufzeigen zu wollen, Mörchen geht von dessen immanenter Systematik[22] aus, Habermas[23] weist auf die logischen Konsequenzen hin, die von Adornos Denken drohen, Axel Honneth wirft in seiner *Kritik der Macht* Adorno die *endgültige Verdrängung des Sozialen* im Sinne der Sozialwissenschaft vor[24]. Die Liste solch wissenschaftskonformen Adornoverständnisses ist beliebig erweiterbar, meines Erachtens wird Adorno mit solchen Ansätzen bewusst nicht beim Wort genommen und stattdessen der Versuch unternommen, ihn entweder seiner bedeutsamsten – wissenschaftskritischen – Prämisse zu enteignen oder aber ihn in den Bereich der Ästhetik abzuschieben.

Wichtig für das Folgende ist Heinz Krügers Schrift: *Über den Aphorismus als philosophische Form*[25]; auch wenn Krüger darin die Parallelität von Nietzsche und Adorno nirgends ausdrücklich erwähnt, sich also dem Tabu, das Adorno über die Thematik breitet, unterwirft, scheint sie doch beinahe in jedem Satz über Nietz-

---

[21] Die Verwirklichung der Philosophie. Der metaphysische Anspruch im Denken Theodor W. Adornos, Würzburg, 2000
[22] Hermann Mörchen, Macht und Herrschaft im Denken von Heidegger und Adorno, Stuttgart, 1980, S. 10
[23] Jürgen Habermas, Der philosophische Diskurs der Moderne, Frankfurt a. M., 1984, S. 130 ff.
[24] vgl. Frankfurt a. M., 1985, S. 70 ff.
[25] München, 1988

sche durch. Wenn er schreibt, Nietzsches Urteile seien *nicht so sehr im Sinne ihres sprachlichen Ausdrucks, viel eher aber als Entfaltungsmoment eines aus der Umklammerung der Sprache sich befreienden Denkens zu interpretieren*[26], korrespondiert er intensiv mit Adornos Andenken gegen den Identitätszwang der Sprache.

[26] a.a.O., S. 79 f.

Sprache und Antisystem

Für Adorno dokumentierte nach Nietzsches Kritik das System nur noch Gelehrtenkleinlichkeit.[27] Die Abwendung vom Anspruch auf eine klare systematische Geschlossenheit führt unmittelbar zum permanenten Problem der Darstellung – augenfällig an seinem außergewöhnlichen Sprachgebrauch, der beim allerersten Lesen einen, der noch nie von Adorno gehört hätte, glauben machen könnte, er hätte es mit einem literarischen Werk zu tun. Im Folgenden sei aus seiner mit *Skoteinos* – dem Beinamen Heraklits – überschriebenen Hegelhommage zitiert, in der er sich auf die dunkle Seite des Hegel'schen Denkens stellt:

»Der Schluss des Abschnitts über das Verhältnis der Spekulation zum gesunden Menschenverstand lautet: ›*Wenn für den gesunden Menschenverstand nur die vernichtende Seite der Spekulation erscheint, so erscheint ihm auch dieß Vernichten nicht in seinem ganzen Umfange. Wenn er diesen Umfang fassen könnte, so hielte er sie nicht für seine Gegnerin. Denn die Spekulation fordert, in ihrer höchsten Synthese des Bewußten und Bewußtlosen, auch die Vernichtung des Bewußtseyns selbst; und die Vernunft versenkt damit ihr Reflektieren der absoluten Identität und ihr Wissen und sich selbst in ihren eigenen Abgrund. Und in dieser Nacht der bloßen Reflexion und des raisonnirenden Verstandes, die der Mittag des Lebens ist, können sich beide begegnen*‹[28] Nur die ingeniöse und exakte Phantasie eines passionierten Seminarteilnehmers wird ohne Gewaltsamkeit dem letzten Satz, der es mit der exponiertesten Prosa Hölderlins aus denselben Jahren aufnimmt, sein Licht entzünden: daß die ›Nacht der bloßen Reflexion‹ Nacht für die bloße Reflexion sei, das Leben aber, das mit dem Mittag verbunden wird, die Spekulation; denn deren Hegel'scher Begriff meint, aus seiner terminologischen Verschalung herausgebrochen, nichts anderes als das nach

---

[27] vgl. Adorno, GS, Bd. 6, Negative Dialektik, S. 31 ff.
[28] Georg Wilhelm Friedrich Hegel, Hegels Schriften, WW 1, Aufsätze aus dem kritischen Journal der Philosophie (und andere Schriften aus der Jenenser Zeit), Stuttgart, seit 1927

innen geschlagene Leben noch einmal; darin sind spekulative Philosophie – auch die Schopenhauers – und Musik miteinander verschwistert.«[29]

Adorno zitiert und interpretiert die vorstehende Hegelpassage wahrlich im Geiste Nietzsches. Mit dem System vergibt das Denken die vollständige Kontrolle über die festen Umrisse seiner Prozesse und beargwöhnt im Verzicht auf die kategoriale Ordnung der Begriffe unmittelbar die von der Form der Logik vorgegebene Autorität mit ihren territorialen Bestimmungen und den damit einher gehenden Eingrenzungen ihrer Sachgebiete. Dem liegt ein für die Philosophie erstaunliches Ringen um Formen zugrunde. So ist auch der Gebrauch des Konjunktivs bei Adorno nicht als eine Mystifizierung zu werten, eher noch dokumentiert er eine Annäherung an freiere, essayistische Formen des Denkens. Der Konjunktiv entspricht nicht einem Mangel an Beweisführung und wird nicht unbedingt zu einer vagen Anwendung der Möglichkeitsform, die Schaap[30] in diesem Zusammenhang in Betracht zieht, sein Gebrauch bedeutet im Deutschen doch auch das indirekte Zitat, von dem Adorno regen Gebrauch macht. Indem Adorno beim Zitieren meist auf die jeweiligen Quellenangaben verzichtet, stellt er seine esoterische Ansicht des Denkens her. Und analog zu seiner Verwendung des Konjunktivs zitiert auch der reife Nietzsche andere Denker als sich selbst nie direkt und stellt seine Bezüge immer nur parodistisch bis blasphemisch, in Umspielungen und Verdrehungen her. Beide pflegen in ihrem Denken einen unmittelbaren und spontanen Umgang mit den Schriften der abendländischen Tradition und fordern ihre Leser indirekt auf, sich diesen Strom zu vergegenwärtigen. Aufschlussreich weist Walter Benjamin auf den Gestus der Distanz im Gebrauch des indirekten Zitats hin, wenn er in seiner Anthologie *Deutsche Menschen* einen von Goethes letzten Briefen kommentiert, indem er den Gebrauch des Konjunktivs als eine Form der Selbstdistanzierung des Autors deutet.[31] Adorno, der das Nachwort zu Walter Benjamins *Deutsche Menschen* verfasste, bezieht sich im Folgenden auf dessen knappen Kommentar zum Goethe'schen Konjunktiv:

[29] Adorno, GS, Bd. 5, S. 327
[30] Die Verwirklichung der Philosophie. Der metaphysische Anspruch im Denken Theodor W. Adornos, Würzburg, 2000, S. 15
[31] Walter Benjamin, Deutsche Menschen, Frankfurt a. M., 1984, S. 65 ff.

»Daß Goethe, nach Benjamins schöner Prägung, in den Spätbriefen das eigene Innere nur noch als Kanzlist seiner selbst verlautbart, antizipiert das geschichtliche Urteil über den Brief als Form. Sie ist veraltet; wer ihrer noch mächtig ist, verfügt über archaische Fähigkeiten; eigentlich lassen sich keine Briefe mehr schreiben.«[32]

Verweist nach Adorno die Verwendung des Konjunktivs auf das latente Bewusstsein eines metageschichtlichen Verfahrens, so wird mit ihr versucht, ein künftig Vergängliches vorsorglich aus dem Zeitstrom zu bergen. Soll ihm das Schreiben im Konjunktiv den Zugang zu einer überzeitlichen Referenz erschließen? Zwiespältig ist Adornos Verhältnis zum Veralteten, er kennt den Schmerz, den alles zu Früh und zu Spät verursacht. Nur der Augenblick besteht davor, wenn er keinen Ursprung außer im Leben des Ephemeren[33] annimmt, für den das Glück des Gedankens das Modell stiftet.

Nietzsche zergehen die rationalen Strukturen von Macht auf der Zunge. Gleichwohl geprägt von Herrschaft und sie verherrlichend, fühlt er sich zu einer Umwertung der Werte und zum Entwurf einer neuen egozentrischen Hierarchie berufen; er bringt den Gedanken der Macht in dem Augenblick zu sich, indem er ihn von Moral trennt. Seine Machtkritik kommt in der Moralkritik zum Stehen und geht von da aus in diejenige Moral der Macht über, deren Kern eigentlich nicht aus Macht besteht, sondern in der Ankündigung der Umwertung aller Werte. Adorno folgt Nietzsches vernunftkritischen Implikationen und dessen Analysen der herrschenden Moral, bis zu diesem Innehalten oder moralischen Nullpunkt, bleibt von da an aber fortgesetzt auf Machtkritik konzen-triert und weigert sich im moralischen Sinn *positiv* zu werden, wie er es nennt. Wo er den Zwang zur Positivität und Neubestimmung, der nahezu unvermeidlich mit der festen Begrifflichkeit Sprache mitgegeben ist, nicht unmittelbar kritisiert, betreibt er eine Politik der Öffnung dieser festen Umrisse und richtet sein Augenmerk auf deren Zusammenhang. Wie Nietzsche, wohl wissend, dass dieser Zusammenhang durch Macht gestiftet wird. Gegen Descartes Forderung, clair et destinct zu denken, beginnt Adorno in Zusammenarbeit mit Horkheimer das Projekt der *Dialektik der Aufklärung*, indem Aufklä-

---

[32] a.a.O., S. 95
[33] Negative Dialektik, S. 158

rung über das Scheitern der Aufklärung gefordert wird. Ihre Analyse des denkerischen Totalitarismus mündet in den Gegenentwurf eines philosophischen Minimalismus. Mit seiner Machtkritik zielt Adorno ausschließlich auf die Widerlegung von Formen absoluter Macht. Gegen ihren totalen Anspruch setzt er seinen moralischen Einwand: sie sei nicht wahr. Mit der programmatischen Schrift *Minima Moralia* kündigt Adorno definitiv sein minimalmoralisches Programm an und hält Nietzsches Pathos der Größe seinen mikrologischen Blick[34] entgegen. Im Zentrum von Adornos Kritik steht die Tendenz von Machtkomplexen, sich mehr und mehr zu verdichten und den Schein jener Totalität zu verbreiten, deren Kern er im nahtlosen Übergang von Vernunft zur Vernunftgläubigkeit erkennt. Die Autonomie einer solchen auf sich selbst gerichteten und allgemein gehaltenen Vernunft, ohne die leidenschaftliche Parteinahme zugunsten der besonderen inhaltlichen Bestimmung, ist für ihn bloß eine Hülle der Schwäche des Gedankens. Ihr begegnet er despektierlich in alter aufklärerischer Tradition mit den Mitteln der Parodie, Karikatur und Provokation. Die asystematischen Formen, die er pflegt und entwickelt, sind Fragment, Aphorismus, Konstellation und philosophisches Modell.

»In der Dialektik ergreift das rhetorische Moment, entgegen der vulgären Ansicht, die Partei des Inhalts. Es vermittelnd mit dem formalen, logischen, sucht Dialektik, das Dilemma zwischen der beliebigen Meinung und dem wesenlosen Korrekten zu meistern. Sie neigt sich aber dem Inhalt zu als dem Offenen, nicht vom Gerüst Vorentschiedenen: Einspruch gegen den Mythos. Mythisch ist das Immergleiche, wie es schließlich zur formalen Denkgesetzlichkeit sich verdünnte.«[35]

Die Beibehaltung der Balance zwischen willkürlichen Äußerungen und leerer aber logischer Allgemeinheit soll nach Adorno die Orientierung an einer konkreten inhaltlichen Bestimmung seiner Gegenstände garantieren. Und tatsächlich gelingt ihm mit dem Mittel der bestimmten Negation eine Beschleunigung der Schwerkraft der Dinge hin zu einem abgründigen Materialismus, der auch das Subjekt mitreißt. Wenn dagegen Nietzsche in seiner Ver-

---

[34] a.a.O., S. 400
[35] a.a.O., S. 66

nunftkritik dem reinen Geist absagt, interessiert er sich nicht wie Adorno für die Dinge, sondern für sein Selbst. Die Radikalität, mit der Nietzsche sein Selbst verfolgt und thematisiert, überträgt es in ein Paradigma des erkennenden Subjekts. Dass Nietzsches Werk vielfach den Charakter eines Zwiegesprächs mit sich Selbst besitzt, ficht die hier angenommene Form eines über sich hinausweisenden Sprechens nicht grundlegend an und auch nicht die Annahme, sein Werk stehe dem Gesprochenen nahe und führe seinen Übergang in die Schrift, mehr noch die eigene Schriftfindung, erst unmittelbar vor Augen. Er geht so weit, dass er über das Selbstgespräch und über dieses *in sich hineingebohrt sein* nicht mehr hinauskommt und das Selbst nicht mehr mit anderen erprobt. Kaum ein Denker hat die Möglichkeit des eigenen Selbst stärker gesucht als Nietzsche; und damit ist letztendlich die Frage des eigenen Subjekts – anders gesagt: die Frage der eigenen Identität – in der Philosophie auch kaum folgenreicher gestellt als bei Nietzsche. Im Gespräch mit sich löst Nietzsche die strenge Einheit der Identität des Subjekts mit dem Selbst und lässt es in den Bereich seiner möglichen Formen übergehen. Sloterdijk[36] sagt, wohl einer ähnlichen Einsicht folgend, das Subjekt bei Nietzsche werde sich selbst fremd; in dieser Entfremdung liegt auch die Chance für eben dieses Subjekt, sein Potenzial zu entdecken. In gewisser Weise ist es so, dass Nietzsche in den Kosmos des Selbst eintritt, in dem sich der Satz, nach dem jeder Mensch die ganze Menschheit in sich trage, kristallisiert. Bei ihm wird das Selbst zum Urbild; aus dem Kreis der Verwandlungen, denen es unterworfen ist, entwirft es dies: *Vademecum – Vadetecum.*[37]

Die andere wichtige Form des Selbstbezugs, neben dem Selbstgespräch, ist bei Nietzsche das Sprechen *über* sich selbst, die Selbstreflexion. Sie scheint für Nietzsche im selben Maß überlebensnotwendig wie bedrohlich; in ihr bewahrt er sich, durch eine fortgesetzte Rechtfertigung seiner Biographie, sein Selbstbewusstsein und treibt es in dessen Extrembereiche. Im großen Thema des Selbst ist dies Dokumentarische von Nietzsches Denken begründet, das aller Kunstfertigkeit seiner Schriften zum Trotz noch überall dort durchscheint, wo die vielfältigsten Figuren auftauchen und zu Wort kommen.

---

[36] Frankfurter Allgemeine Zeitung, Sloterdijks Rede zum 100. Todestag Nietzsches, 28.8.2000, S. 52
[37] Nietzsche, KSA, Bd. 3, Die fröhliche Wissenschaft, S. 354

Ein Aspekt dieser extremen Subjektivität besteht darin, dass er jedem seiner Begriffe viele mögliche Wendungen und Spielarten zuschreibt; nichts ist bezeichnender für Nietzsches Denken als dies von ihm erfundene Wort Irr-Schlund. Es steht für Nietzsches Spiel mit der Sprache; dies auf Du und Du sein mit ihr. Die Nähe zur Sprache hat bei Nietzsche ein Übergewicht gegenüber jenen begrifflichen Fernbezügen, die von einem jeden ernst zu nehmenden Philosophen erwartet werden und die das logisch-systematische Rückgrat eines Werkes bilden. Das Selbst trennt sich bei Nietzsche von jeder Statik; es begibt sich in die Sprache hinein und löst sich darin. Es scheint, als könnte es bei Nietzsche nicht anders real werden und leben. Die Sprache ist sein Leben, in ihr erlebt und vertieft er seine Selbstbezogenheit. In der Symbiose mit der Sprache ist bei ihm auch ein Wille zur Unmittelbarkeit im vitalen Impuls angelegt. *Mihi – ipsi scripsi – dabei bleibt es,* schreibt Nietzsche am 15. Juli 1882 an Erwin Rohde[38].

Exakt an der Stelle, an der Nietzsche die Einheit des Subjekts mit sich selbst streng negiert, geht Adorno in dieser Demontage noch einen Schritt weiter: Er projiziert die Frage der Identität in den Objektbereich der Erkenntnis. Adorno überträgt die hohe Sensibilität und Anspannung, die Nietzsche im fortgesetzten Akt der Selbstbefreiung für sich entwickelt, in den Bereich der Objekte. In dieser Zuspitzung bleibt er, wenn auch verdeckt, verdünnt, verfeinert und vermittelt bis zur Unkenntlichkeit, dem Materialismus verpflichtet. Doch verliert er dabei in keiner Phase seines Denkens die Überzeugung aus den Augen, die Dinge seien der Philosophie nur durch den Begriff vermittelt gegeben. Darin, dass bei Nietzsche die Identität des Subjekts und bei Adorno die Identität der Gegenstände des Denkens mit ihren Begriffen jeweils von Grund auf problematisch werden, korrespondieren beide wesentlich. Ihre Denkformen bezeichnen in dieser Gegensätzlichkeit Extreme eines gegen Identität gerichteten Denkens. In dem Moment, in dem die Gegenstände des Denkens nicht mehr länger mit deren Begriffen identifiziert werden und sich innerhalb der vertikalen Seinsstufung, nur noch im Prozess der Vermittlung, befinden, fällt die strikte Trennung von reiner und praktischer Vernunft ebenso wie bei der Preisgabe der Identität des Subjekts. Mit einem solchen Ansatz ist jede Möglichkeit, die der Idee eines umfassenden philosophischen Systems anhängt, grundle-

---

[38] Nietzsche, Werke in drei Bänden, München 1977, Bd. 3, S. 1184

gend in Frage gestellt. Für Nietzsche ist der Wille zum System ein Mangel an Rechtschaffenheit.[39] Und Adorno stimmt dem ohne Vorbehalte zu. Hegels System bildet dennoch für Adornos Philosophie das Paradigma eines Denkens, das aufs Ganze geht und das mit seiner Dialektik gleichwohl jenen Kern immanenter Kritik befördert, der über das System hinausweist.

1 Literatur und Tradition

Nietzsche stellt sich selbst lieber in die literarische Tradition als in die philosophische. Hellsichtig prophezeit er: *Man wird einmal sagen, daß Heine und ich bei weitem die ersten Artisten der deutschen Sprache gewesen sind.*[40] Mit Heine verbindet ihn tief der existenzielle Bruch mit dem romantischen Ideal und der kunstvolle Umgang mit Sprache. Heines Zerwürfnis mit Schlegel ist in mancher Hinsicht parallel lesbar zu Nietzsches Bruch mit Wagner. Indem er an die Dichtung anknüpft, kündigt er den Primat des Ausdrucks vor der logisch-ordnenden Methode an. Nietzsches literarischer Ansatz lässt sich bis auf seine philologischen Untersuchungen der Griechen zurückverfolgen, bei denen sich Denken und Dichten noch nahe stehen. So greift er selbst in seinen Schriften immer wieder auf die freien literarischen Formen aus den Anfängen der abendländischen Philosophie wie Lehrgedicht, Aphorismus und Dialog zurück. Daran zeigt sich bereits eine Dimension jener umgreifenden Intention, mit der er das abendländische Denken als Ganzes, von seinem Beginn her, ins Auge zu fassen versucht. Und in diesem Sinn bleibt der Ursprungsgedanke bei ihm nicht abstrakt; er konkretisiert ihn an den Griechen, von wo aus er den gesamten geistesgeschichtlichen Prozess des Abendlandes deutet.

Bei Nietzsche ist der Bruch des 20. Jahrhunderts mit dem Systemgedanken durch die Hinwendung zur Sprache schon vorgeschrieben. Dadurch, dass er sein Denken von der letztlich auf ein System zielenden Logik abwendet und zur Sprache zurückführt, setzt er sich über die Trennung von theoretischer und praktischer Philosophie hinweg und bringt sie ins Wanken. Auch wenn Logik ein Modus von Denken ist, vertritt sie doch nur ein sehr schmales und spezialisiertes

---

[39] a.a.O., Bd. 6, Götzen-Dämmerung 26, S. 63
[40] a.a.O., Bd. 6, Ecce homo, S. 286

Spektrum, gewissermaßen dessen mathematische Seite. Bezeichnend ist hierfür Nietzsches eben gegen diese Logik gerichteter Spott:

> »Ist es denn nicht erlaubt, gegen Subjekt, wie gegen Prädikat und Objekt, nachgerade ein Wenig ironisch zu sein? Dürfte sich der Philosoph nicht über die Gläubigkeit an die Grammatik erheben? Alle Achtung vor den Gouvernanten: aber wäre es nicht an der Zeit, dass die Philosophen dem Gouvernanten-Glauben absagten?«[41]

Gerade gegen diese von ihm beschriebene Enge hat Nietzsche den Reichtum der sprachlichen Ausdrucksmöglichkeit als emanzipatorisches Potenzial in die Philosophie wieder eingeführt. Wo Nietzsche die Freiheit des Denkens über die Logik des Bestehenden stellt, geht er vom Individuum aus, für Adorno wird sie dagegen zum gesellschaftskritischen Imperativ. Nietzsche schöpft aus der Tradition der Antike ebenso wie aus dem Sturm und Drang, der deutschen Klassik, der Romantik, den Schriften der französischen Moralisten und aus der italienischen und russischen Literatur. Sein ästhetischer Umgang mit der Sprache erschließt auch musikalische Ausdrucksformen. So entwickelt er ein weit reichendes Gespür für die motivische Arbeit, den Rhythmus und das Tempo sprachlicher Äußerungen. Für die Musik selbstverständliche Vorgehensweisen wie Variation und Umkehrung, Engführung und Wiederholung bilden formale Elemente der Komposition seiner Texte. Diese Sensibilität pflegt er für fremde und eigene Schriften im selben Maß. Paradigmatisch für solchen ins Expressive gesteigerten Sprachstil sind die folgenden Zeilen:

> »Zu langsam läuft mir alles Reden: – in deinen Wagen springe ich, Sturm! Und auch dich will ich noch peitschen mit meiner Bosheit!«[42]

Form und Inhalt bestehen an solchen Stellen in einer Einheit. Wissenschaftskritik hat hier, bei Nietzsche, bessere und kreativere Tage gesehen als später, wo sie bisweilen in die Formen purer Angst überging. Nietzsches Rede bedient sich des Ausdrucks der

---

[41] a.a.O., Bd. 5, Jenseits von Gut und Böse, 34, S. 54
[42] a.a.O., Zarathustra II, S. 107

vielfältigsten Fortbewegungsarten vom Schleichen, Laufen, Springen, Galoppieren, Stillstehen, Fliegen, Fließen, Züngeln und Stürmen. Alle möglichen Bewegungsformen der ganzen belebten und bewegten Welt stehen für sein Bewusstsein der Sprache und des Ausdrucks Pate. Die Bewegung seines Denkens gleicht, dem jeweiligen Zusammenhang entsprechend, der Schlange, dem Hund, dem Schatten, dem Vogel, den verschiedenen menschlichen Charakteren oder sie ist Element für Nietzsches aus der Sprache schöpfenden Reichtum der Gedanken. Das Fabelhafte und Theatralische seines Ausdrucks sichert ihm – so wie er es vorhergesagt hat – ewig den Abstand zur wissenschaftlichen Blutleere.

Für Nietzsches Widersprüchlichkeit und seinen Umgang mit der Sprache ist in Vielem sein ästhetisches Gespür richtungsweisender als sein Verhältnis zur Wahrheit. Im Rückgriff auf die der Musik verwandten Formen der Sprache beschwört er geradezu die Lebendigkeit der philologischen Tradition, in der er steht. Er aktiviert verschiedenste Formen des sprachlichen Ausdrucks, auch solche, die aus frühen Stadien des menschlichen Bewusstseins stammen, für die die Schrift noch keine bestimmende Rolle spielt und die Identität einer Gemeinschaft durch deren Epen in Lied- und Reimform gestiftet wird. Die Beschreibung von Nietzsches Texten aus einer philologischen Perspektive ist demnach oft einleuchtender als deren philosophische Analyse. Geschichtliche Formen werden von ihm aus ihrem gesellschaftlichen Zusammenhang gelöst und in das Reservoir seines gesteigerten Ausdruckswillens aufgenommen. Für sein Werk mit seinen Widersprüchen, Sprüngen und Widerholungen ist daher oft der spielerisch gestaltende Umgang mit der Sprache wichtiger als logische Stringenz. Die Auseinandersetzung mit der Möglichkeit des Systemdenkens, oder besser gesagt dessen In-Frage-Stellung und Auflösungstendenz in den sprachlichen Bezügen ist eines der wesentlichsten Merkmale der Philosophie des 20. Jahrhunderts. Davon ergeht eine nicht ohne Deformation überhörbare Aufforderung, frei zu denken. Nietzsche hat sie mit einer ungeheuren Radikalität vorweggenommen und in seiner Tradition ist Adorno erst zu verstehen. Wenn Adorno sagt: *Rhetorik vertritt in Philosophie, was anders als in der Sprache nicht gedacht werden kann*[43], dann weist er damit auf den expressiven Duktus hin, mit dessen Hilfe er diejenigen Schichten des Bewusstseins zu mobilisieren vermag, die auch

---

[43] Adorno, GS, Bd. 6, Negative Dialektik, S. 65

dem Mythos nahe stehen. Erst der überhöhte Ausdruck ermöglicht ihm, die Geschichte des Denkens und dessen im Zeichen von Macht sich vollziehende, logozentrische Bewegung aufzubrechen. Denken schreitet dann nicht länger in logischen Kategorien fort, es geht über in Sprache. Und zu Hegels heller Seite bemerkt Adorno einmal:

»… die Dialektik Hegels war eine ohne Sprache, während der einfachste Wortsinn von Dialektik Sprache postuliert … Im emphatischen Sinn bedurfte er der Sprache nicht, weil bei ihm alles, auch das Sprachlose und Opake, Geist sein sollte und der Geist der Zusammenhang.«[44]

Der antisystematische Impuls, der Adornos Sprache innewohnt und der so viele Sozialwissenschaftler und Philosophen irritiert, ist ohne Nietzsche kaum nachvollziehbar. Marx' Umwendung des Hegel'schen Systems war, im Hinblick auf den Systemaspekt, doch nur ein Reanimationsversuch unter umgekehrtem Vorzeichen. Intellektuelle seit Marx haben im Marxismus noch ein Mal versucht, den Systemgedanken auf dem als notwendig angenommenen, geschichtlichen Verlauf zu errichten, allerdings konnten sie dem Anspruch, den Nietzsche mit der ganzen Macht seiner individuellen Leidens- und Ausdrucksfähigkeit ins Denken einbrachte, längst nicht mehr gerecht werden. Der Einbruch dieses individuellen Bewusstseins in das Denken seit Nietzsche war nicht aufzuhalten. Adorno zeigte an seinem antisystematischen Ansatz, dass er Marx längst die Folgschaft gekündigt hatte. Seither hat sich der Systemgedanke in den Plural geflüchtet und die Idee der Grenze – das einmal Denkbare – nach innen gestülpt.

2 Kritisches Potenzial der Begriffe

Wird die Idee der Verwirklichung einer gerechten Ordnung nicht ausschließlich aufs Jenseits verwiesen, gerät sie, als profane außerhalb dieser umfassenden Ordnung von Gut und Böse, gegenüber dem Irrationalen in Erklärungsnot. Im Bewusstsein dieser Problematik und einer weit reichenden interdisziplinären Aufgabenstellung, gilt die große Sorgfalt von Horkheimer und Adorno der

---

[44] vgl. a.a.O., S. 165

Darstellung ihrer Texte. Beide Autoren argwöhnen, mit der Sprache als Institution bestehender Macht- und Ordnungsstrukturen, nicht denjenigen Reflexionsmustern entkommen zu können, gegen die sie andenken. Sie haben Bedenken, durch die unkritische Nutzung bestehender Sprachgewohnheiten dazu beizutragen, dass der Aufklärung entgegenstehende irrational-mythologische Tendenzen noch verstärkt werden. Die in der Einleitung zur *Dialektik der Aufklärung* angekündigte Wende im Denken kann demnach als eine grundsätzlich kritische Haltung charakterisiert werden, die nicht nur in der Selbstreflexion des Denkens besteht, sondern auch die kritische Bearbeitung eines jeglichen Begriffs mit einschließt. Verwandt mit Nietzsches scheinbar mutwillig und deshalb kunstvoll hingeworfenem Satz: *Ich liebe die kurzen Gewohnheiten!*[45], mit dem sich der unbehauste Mensch behauptet, erhält Adornos Argwohn gegenüber Gewohnheiten Methode; er führt bis zur Kritischen Theorie. Fest steht für Adorno wie für Horkheimer, dass es *falsche Klarheit* zu meiden gilt und in diesem Sinne sagen sie:

> »Die falsche Klarheit ist nur ein anderer Ausdruck für den Mythos. Er war immer dunkel und einleuchtend zugleich. Seit je hat er durch Vertrautheit und Enthebung von der Arbeit des Begriffs sich ausgewiesen.«[46]

Im Mythos vereinen sich, den Autoren zufolge, Deutliches und Undeutliches bruchlos. Zwei methodische Aspekte werden bei der Analyse dieses Umstandes wesentlich: zum einen die aktiv geübte Kritik und zum andern eine passiv-rezeptive Erkenntnisstrategie, mit der sich Adorno einer falschen Klarheit zu entziehen sucht. Das Mittel der aktiv geübten Kritik ist die bestimmte Negation, wie sie sich im Begriffspaar Aufklärung und falsche Klarheit zeigt. Mythos und Aufklärung sind die Pole, an denen sich die *Dialektik der Aufklärung* entspinnt. Indem Adorno den Begriff des Mythos durch den der falschen Klarheit ersetzt, neutralisiert er ihn und macht ihn gleichzeitig zum Vermittlungsbegriff zwischen Mythos und Aufklärung. Anders gesagt Mit ihm wird das kritische Potenzial, das sich im Verhältnis von Mythos und Aufklärung, im Verlauf ihrer Geschichte, aufgebaut hat, zugänglich.

---

[45] Nietzsche, KSA, Bd. 3, Die fröhliche Wissenschaft, S. 535
[46] Adorno, GS, Bd. 3, Dialektik der Aufklärung, S. 14

Der zweite, in gewisser Weise phänomenologische Aspekt bei der Aufklärung mythischer Strukturen führt Adorno in seinen philosophischen Schriften zu einem gesteigerten Bemühen um Objektivität. Dabei wird die Übereinstimmung von Begriff und gemeinter Sache überprüft. Der Begriff wird bei dieser Prozedur nicht dazu benutzt, die Dinge als Gegenstände der Erkenntnis nur zu benennen, um sie unter ihn zu subsumieren, sondern Adorno simuliert für die Erkenntnis seines Gegenstandes ein bewegliches Modell, in dem der Begriff und das Begriffene, ähnlich dem zwischenmenschlichen Verhalten, miteinander in Beziehung treten können. Indem Adorno mit seinem Denken nicht auf das An-sich seiner Gegenstände zielt, sondern von außen, *modellhaft* vorgeht, versucht er die Gegenstände seiner Erkenntnis jeweils in ihrer Komplexität zu entfalten.

Weil der Anspruch auf Klarheit im Denken einseitig vom Begriff aus erhoben ist, ist er Adorno zufolge falsch und unterliegt dem Irrtum, Begriff und Sache entsprächen einander. Er zieht es deshalb vor, eine erkenntniskritische Haltung einzunehmen und die Dinge auch von ihrer irrationalen Seite aus zu betrachten. Als irrational ist jeweils das zu verstehen, was an den Dingen nicht im Begriff aufgeht – in Kants Sprache das Ding an sich. Kritisches Denken soll nach Horkheimer und Adorno vor dem Undurchschaubaren Halt machen und nicht länger vorgeben, es zu durchschauen. Für diesen Zusammenhang haben Horkheimer und Adorno den Begriff *Nichtidentität* geprägt. *Nichtidentität* steht bei den beiden Autoren für das Bewusstsein davon, dass Ding und Begriff einander nicht vollkommen decken; dass der Begriff keinen unmittelbaren Zugriff auf die Dinge ermöglicht, sondern nur zwischen Wirklichkeit und Denken *vermittelt*. Dennoch – und darin besteht ein wesentlicher Unterschied zu Kant – wird dies Undurchschaubare für die Erkenntnis nicht aufgegeben. Statt der unkritischen Annahme einer unmittelbaren Identität von Begriff und Sache, die nach dem abstrakten Muster A = A verfährt und damit die Kohärenz des Sprungs vom Begriff zum Begriffenen annimmt oder aber im rein Begrifflichen verfährt, betrachtet Adorno die Dinge indirekt, von außen und in dem jeweiligen Zusammenhang, in dem sie stehen. Ziel ist demnach nicht die Übereinstimmung von Begriff und Sache, sondern die Entfaltung der Sinnbezüge, in der sie steht und aus der ihre Geltung hervorgeht. Gegenüber der Definition der Begriffe der

Dinge ist sie komplexer. Wenn Adorno an den Begriffen der Dinge festhält, gesteht er ihnen zusätzlich einen Spielraum zur Entfaltung ihrer Besonderheiten zu. Einer anthropomorphen Begriffsstruktur folgend, breitet er wie in einer Milieustudie ein soziologisches Begriffsmuster aus, indem die Begriffe miteinander in Beziehung treten können. Adorno versucht den Begriffen wie auch den Dingen dadurch sozusagen seine Sprache zu leihen und Subjektivität zuzuschreiben. Nietzsche verhilft in der Textsammlung *Menschliches, Allzumenschliches* dieser, wohl für Adorno vorbildlichen, Intention zum Ausdruck:

»Aus der innersten Erfahrung des Denkers. – Nichts wird dem Menschen schwerer, als eine Sache unpersönlich zu fassen: ich meine, in ihr eben eine Sache und keine Person zu sehen; ja man kann fragen, ob es ihm überhaupt möglich ist, das Uhrwerk seines personenbildenden, personendichtenden Triebes auch nur einen Augenblick auszuhängen. Verkehrt er doch selbst mit Gedanken, und seien es die abstractesten, so, als wären es Individuen, mit denen man kämpfen, an die man sich anschliessen, welche man behüten, pflegen, aufnähren müsse. Belauern und belauschen wir uns nur selber, in jenen Minuten, wo wir einen uns neuen Satz hören oder finden. Vielleicht missfällt er uns, weil er so trotzig, so selbstherrlich dasteht: unbewusst fragen wir uns, ob wir ihm nicht einen Gegensatz als Feind zur Seite ordnen, ob wir ihm ein »Vielleicht«, ein »Mitunter« anhängen können; selbst das Wörtchen »wahrscheinlich« giebt uns eine Genugthuung, weil es die persönlich lästige Tyrannei des Unbedingten bricht. Wenn dagegen jener neue Satz in milderer Form einherzieht, fein duldsam und demüthig und dem Widerspruche gleichsam in die Arme sinkend, so versuchen wir es mit einer andern Probe unserer Selbstherrlichkeit: wie, können wir diesem schwachen Wesen nicht zu Hülfe kommen, es streicheln und nähren, ihm Kraft und Fülle, ja Wahrheit und selbst Unbedingtheit geben? Ist es möglich, uns elternhaft oder ritterlich oder mitleidig gegen dasselbe zu benehmen? – Dann wieder sehen wir hier ein Urtheil und dort ein Urtheil, entfernt von einander, ohne sich anzusehen, ohne sich auf einander zuzubewegen: da kitzelt uns der Gedanke, ob hier nicht eine Ehe zu stiften, ein Schluss zu ziehen sei, mit dem Vorgefühle, dass im Falle sich eine Folge aus diesem Schlusse ergiebt, nicht nur die beiden ehelich verbundenen Urtheile, sondern auch der Ehestifter die Ehre davon habe ...«[47]

Nietzsche leitet den Satz, das Urteil und die Wahrheit plastisch aus der Analogie des Zwischenmenschlichen ab. Mit seiner wahrhaft strategisch verfahrenden Art von Erkenntnis ringt Adorno um eine Alternative zu dem von Nietzsche in seiner Tiefe und Widersprüchlichkeit entdeckten und ausgebreiteten Machtkomplex, demzufolge Denken nicht als Ausdruck von Wahrheit, sondern von Macht und Selbstherrlichkeit des Subjekts zu dechiffrieren sei. Die These, die Struktur der Macht verdecke die Erkenntnis von Wahrheit, führt Adorno im Gegensatz zu Nietzsche nicht zur Verherrlichung, sondern zur Kritik von Herrschaft. Ansatz für seine Machtkritik wird die anthropomorphe Auslegung des Denkens, wobei der Aspekt der Herrschaft im Denken, den Nietzsche oben darstellt, das subjektive Prinzip der Erkenntnis ausmacht. Und eben für die Kritik dieses subjektiven Prinzips steht Adornos Selbstreflexion des Denkens ein. Dabei verstärkt er zwar die Subjektseite der Erkenntnis noch zusätzlich, gewinnt aber gleichzeitig eine Freiheit, die im erhöhten Selbstbewusstsein des Denkens besteht, nun den Machtstrukturen, die es durchschaut, nicht mehr unwillkürlich folgen zu müssen. Nietzsche denkt auf der selben Reflexionsstufe wie Adorno und doch sind die beiden Antipoden in der Frage der Macht: Adorno unterhält gegen Nietzsche eine konsequente Verweigerungshaltung, in diese Machtstrukturen einzuspringen. Utopie ist für Adorno die Autonomie eines Denkens, das sich jenseits von Ohnmacht-Machtmechanismen entfalten kann. Das wichtigste Mittel seiner Kritik der Macht ist für Adorno das gegenüber der Ökonomie der Logik asymmetrische Verfahren der bestimmten Negation, indem er das kritische Potenzial des Begriffs aufzuschließen versucht.

Axel Honneth,[48] der Adorno streng vom soziologischen Standpunkt aus interpretiert und der Habermas' und Foucaults Denken als zwei unterschiedliche Antworten auf das von ihm konstatierte Scheitern der Kritischen Theorie deutet, wirft Adorno die endgültige Verdrängung des Sozialen aus dessen Werk vor.[49] Er zieht soziologische Schlüsse aus Adornos Denken und bricht mit seiner These, Adorno hätte sich längst von einer sozialwissenschaft-

---

[47] Nietzsche, KSA, Bd. 2, Menschliches, Allzumenschliches II, S. 389 f.
[48] Axel Honneth, Kritik der Macht, Frankfurt a. M., 1985
[49] a.a.O., S. 70 ff.

lichen Systematik getrennt, offene Türen auf. Honneth demonstriert in aller Schärfe mit seinem Vokabular die repressiven Züge eben der Logik, die Adorno kritisiert, und bleibt, von einem asystematischen Standpunkt aus betrachtet, hinter Adornos Machtkritik zurück:

> »Dies vereinseitigte Herrschaftskonzept zwingt ... Adorno muß ... so ist er (Adorno) genötigt ... Adorno ist ... verhaftet ...«[50]

Aus der Logik von Honneths Adornokritik aber geht hervor, dass Adorno Gesellschaft nicht wie Honneth von der Gesellschaft her denkt: Er sieht sie von der Perspektive des Individuums aus – auch wenn es nach dialektischem Muster noch so sehr gesellschaftlich vermittelt ist. Und das Individuum ist für Adorno nicht, wie Honneth unterstellt, *passives Opfer*[51], es vermag zu denken: *Individualität ist sowohl Produkt des Drucks wie das Kraftzentrum, das ihm widersteht.*[52] Zwar traut Adorno zu seiner Zeit nur dem Einzelnen die Formulierung derjenigen Erfahrungen zu, aus der die Möglichkeit sozialer Veränderung resulieren kann. Die Idee von Fortschritt ist aber für ihn in das gesellschaftliche Ganze verwoben. Allerdings ist die Antithetik zwischen gesellschaftlicher Totalität und Individuum zu formal gedacht, als dass aus ihr ein Fortschritt entspringen könnte. In dieser Radikalität wird er zur Utopie. Einem ähnlichen Extremismus entstammt auch Adornos Urteil über die Kulturindustrie:

> »Die soziologische Meinung, daß der Verlust des Halts in der objektiven Religion, die Auflösung der letzten vorkapitalistischen Residuen, die technische und soziale Differenzierung und das Spezialistentum in kulturelles Chaos übergegangen sei, wird alltäglich Lügen gestraft. Kultur heute schlägt alles mit Ähnlichkeit, Film, Radio, Magazine machen ein System aus. Jede Sparte ist einstimmig in sich und alle zusammen.«[53]

---

[50] a.a.O., S. 110
[51] vgl. a.a.O., S. 110
[52] Adorno, GS, Bd. 6, Negative Dialektik, S. 279
[53] a.a.O., Bd. 3, Dialektik der Aufklärung, S. 141

Das Pauschalurteil, dem Adorno die kulturellen Errungenschaften seiner Zeitgenossen unterzieht, steht, wie er betont, diametral zur allgemeinen Annahme einer neuen Unübersichtlichkeit und der These, die Komplexität des Weltgeschehens in der Postmoderne nehme ständig zu. Indem er die Kultur auf ihren wirtschaftlichen Funktionszusammenhang reduziert, bezieht er kurzerhand eine Außenperspektive gegenüber dem kulturellen Betrieb und negiert ihn als Ganzen. Wissenschaftlich unparteiisch kann Adornos Werk mit seinen extrem stark ausfallenden rhetorischen Akzentuierungen nicht genannt werden. Filigranste Differenzierungen stehen darin schroff einer Reduktion von Komplexität gegenüber, die jedem Systemtheoretiker zur Ehre gereichten.

Nietzsche und die Macht des Geistes

Der Ausdruck *Wille zur Macht*[54] wurde oft mit dem von Nietzsche als Hauptwerk geplanten, aber nicht verwirklichten Buch desselben Titels in Verbindung gebracht. Diese Ansicht ist nach heutigem Erkenntnisstand überholt. Nietzsche erwähnt den Plan zwar gegen Ende der *Genealogie der Moral*, aber die Verbreitung der These, es sollte sein Hauptwerk werden, wird seiner Schwester Elisabeth Foerster-Nietzsche zugeschrieben, die versuchte, als Nachlassverwalterin seines Werkes mit massiven Fälschungen und Eingriffen in Leben und Werk ihres Bruders ein Nietzschebild nach ihren eigenen Vorstellungen zu prägen. Damit wollte sie offenbar Spekulationen über eine möglicherweise systematische Geschlossenheit und Eindeutigkeit von Nietzsches Denken anregen, die ihm aber streng zuwiderläuft, um ihn der faschistischen Doktrin nutzbar zu machen.

Im Kontrast zu einer auf systematische Geschlossenheit zielenden Intention wird hier die Bedeutung der Machtproblematik aus der inneren Dynamik von Nietzsches Werk aufgefasst und folgt dessen anthropomorphen Impulsen. Für die folgende Nietzscheinterpretation wird sie aber nicht allein bestimmend sein, sondern auch eine wenn auch nur paradox denkbare und räumliche Statik des Äußeren. Er und Adorno pflegen eine abgründige Haltung, die gerade durch ihre Verdopplung Differenzen und Schattierungen sichtbar macht, die anders kaum erkennbar würden.

Die Topographie geht im selben Maß auf Distanz wie sie die Nähe sucht. Dieser Wechsel von extremer Nähe und großer Distanz ist wichtig, weil die Auseinandersetzung mit Nietzsches und Adornos Werk erst durch eine starke Akzentuierung sinnvoll wird. Demnach wird die Idee der Macht nicht linear verfolgt, sondern nach zwei Schwerpunkten: ein werkgeschichtlicher und ein motivischer, der die Machtthematik an zentralen Themen von Nietzsches Denken darstellt und deutet. Der geschichtliche Part befasst sich mit Nietzsches Schaffensperioden; grob gesagt ist dies eine Einteilung in die Zeit vor dem Bruch mit Richard Wagner, in der für Nietzsches Denken ein romantisch ästhetisierendes Ideal bestimmend ist, und

[54] vgl. Nietzsche, KSA Bd. 5, Zur Genealogie der Moral, S. 409

die Zeit danach, die vor allem unter dem Zeichen der Auflösung aller Bindungen steht und in die Phase der Umwertung der Werte übergeht. Dargestellt wird in diesem entwicklungsgeschichtlichen Zusammenhang der doppelte Dualismus von Apoll–Dionysos und Sokrates–Dionysos aus der *Geburt der Tragödie*, weil er für Nietzsches Konzept von Wahrheit wie auch für seine Machtproblematik als Weichenstellung fungiert. Den anderen Anknüpfungspunkt für die Deutung von Nietzsches Gesamtwerk und sein Verhältnis mit Adorno werden die geschichtsphilosophischen Überlegungen aus den *Unzeitgemäßen Betrachtungen* bilden. Unter dem zweiten Gesichtspunkt werden dann wesentliche, den Machtaspekt betreffende Motive von Nietzsches Denken aufgezeigt und Bezüge zu Adorno hergestellt. Biografisches ist wegen einer in der Nietzscherezeption leicht überhand nehmenden abstoßenden Sensationsgier hierbei möglichst reduziert. Nietzsches Popularität, die sich aus einem Gemenge von Rätselhaftigkeit und Sensation zusammensetzt, wird hier nicht Maßstab sein.

1 Werkgeschichtlicher Aspekt bei Nietzsche

Nietzsches Anfänge sind vor allem im Hinblick auf die grundlegende Frage, wie mit den Widersprüchen in der Makro- und Mikrostruktur seines Werk umzugehen sei, aufschlussreich. Und diese Frage ist für das Gesamtkonzept der vorliegenden Erwägungen entscheidend: der Untersuchung von Nietzsches Einfluss auf Adornos Methode einer negativen Dialektik, in der dann Aspekte wie Macht und Ohnmacht nahezu zur Deckung kommen. Nietzsches Widersprüche sind nicht im bloß zeitlichen Nacheinander der Veränderung oder einem Fortschritt seines Bewusstseins zu verstehen und aufzulösen, sondern haben in seinem Denken, über die individuelle Bewusstseinsentwicklung und -veränderung hinaus, konstitutiven Stellenwert[55]. Die demonstrative Willkür im Umgang mit ewigen Wahrheiten und mit Wahrheit überhaupt ist für Nietzsches Denken charakteristisch. Die *Topographie des Möglichen* sucht, außer der Lösung der Widersprüche nach einem genealogischen Schema, noch nach dem am Extrem ins Räumliche umschlagen-

---

[55] vgl. Wolfgang Müller-Lauter, Nietzsche, Seine Philosophie der Gegensätze und die Gegensätze seiner Philosophie, Berlin, New York, 1971

den Aspekt der Darstellung und des Verstehens: Werden Widersprüche nicht bloß als die nacheinander folgenden verschiedenen Phasen von Veränderung angesehen, vergleichbar dem Verfahren der Hegel'schen Dialektik, dann können sie auch nebeneinander und gleichzeitig bestehen, als die verschiedenen Aspekte eines Gegenstandes, und geben Raum für Nietzsches Sprünge.

In der Sekundärliteratur zu Nietzsche hat sich die Dreiteilung seiner Schriften in Frühwerk, mittlere Phase und Spätwerk eingebürgert. Demnach zählte zum Frühwerk *Die Geburt der Tragödie aus dem Geiste der Musik*, und *Unzeitgemäße Betrachtungen I–IV*. Die mittleren Phase von Nietzsches Werk begänne mit *Menschliches, Allzumenschliches I und II*, würde weitergeführt von der *Morgenröte*, den *Idyllen aus Messina* und *Der fröhlichen Wissenschaft*. Zum Spätwerk gehörten dieser Einteilung zufolge *Also sprach Zarathustra, Jenseits von Gut und Böse, Zur Genealogie der Moral, Der Fall Wagner, Götzen-Dämmerung, Der Antichrist, Ecco homo,* die *Dionysos-Dithyramben* und *Nietzsche contra Wagner*.

An diese Zergliederung entspann sich die Debatte um die Rechtmäßigkeit eines solchen Verfahrens. Foucault, als Gegner derartiger Operationalisierungen, mit seiner Affinität zur Anonymität, lehnt diese Einteilung strikt ab, bestritt die fortdauernde Identität von Nietzsches Person und wollte in jedem Moment Nietzsche als andern sehen können. In seiner anlässlich von Nietzsches 100. Todestag in Weimar gehaltenen Rede knüpfte Peter Sloterdijk[56] dagegen indirekt an der Dreiteilung von Nietzsches Werk wieder an. Bei dem Streit darum, ob sie statthaft sei oder nicht, ist jedoch festzustellen, dass einzelne Motive, wie der Gedanke der ewigen Wiederkehr, schon früh bei Nietzsche auftauchen, aber erst im Spätwerk ihre besondere Ausprägung finden. Einen hohen Stellenwert nehmen in Nietzsches Werk diejenigen Mitteilungen ein, die seine persönliche Geschichte betreffen. Sie bilden eine subjektive epische Fähigkeit, die Nietzsche den *plastischen Sinn*[57] nennt. Dieser plastische Sinn korrespondiert mit den profanen Formen von Foucaults *Techniken des Selbst*.[58] Foucault gewinnt diesen Begriff aus seiner Interpretation der christlichen Askese; als asympto-

---

[56] FAZ, 28.8.2000, S. 52
[57] vgl. Nietzsche, KSA, Bd. 1, Unzeitgemäße Betrachtungen II, S. 251
[58] Michel Foucault, Von der Freundschaft, Berlin, S. 36

tisch verlaufende Annäherung des Anspruchs der Wahrheit an die Wirklichkeit in der Erforschung des Gewissens. Vom Christentum abgelöst, führen ihn diese Techniken des Selbst über die Selbstbeherrschung zur Ästhetisierung des Selbst und des Lebens. Ähnliche Tendenzen weisen Nietzsches autobiografische Reflexionen auf. Bei seiner Selbstformung stößt er sich vom christlichen Wertekanon und der christlichen Heilgeschichte ab und geht in eine Vergötterung des Selbst über. Eine herausragende Position in der frühen Nietzscheinterpretation nimmt Karl Löwith[59] ein, indem er Nietzsches Schriften quasi rückwärts liest und vom Gedanken der ewigen Wiederkunft her auslegt. So anregend auch Löwiths Beitrag zu lesen ist, so stilisiert er doch die Idee der Wiederkunft zum systematisch-ontologischen Fluchtpunkt des Gesamtwerks und entspricht, der damaligen Veröffentlichungslage gemäß, den Manipulationen von Nietzsches Schwester.

Nietzsches Autointerpretation zufolge wäre von der Zweiteilung seines Werkes auszugehen, deren Zäsur der Bruch mit Richard Wagner bildet. Eine symbolische, die Dreiteilung von Nietzsches Werk unterstützende Deutungsmöglichkeit bieten die drei Verwandlungen des Geistes am Anfang des *Zarathustra*, wo er beschreibt, *wie der Geist zum Kameele wird, und zum Löwen das Kameel und zum Kinde zuletzt der Löwe.*[60] Gegen eine solche Deutung spricht, dass Nietzsches *Kameelphase*, insofern als sie als eine dienende Phase interpretiert wird, bereits früh, nämlich von der *Geburt der Tragödie* an, von einer strengen Wissenschaftskritik abgelöst und von seiner Wagnerkritik fortgesetzt wird. Daraus wäre zu schließen, dass das *Kameel* in Nietzsches Augen für denjenigen Arbeiter steht, der nicht für sich selbst arbeitet, sondern im Dienst eines anderen. Demnach ergäbe die Dreiteilung von Nietzsches Werk erst in einem Freiheitsdiskurs verstanden Sinn. Seine Wissenschaftskritik, die Kritik an Wagner wie auch die Religionskritik, wären bei Nietzsche dann nicht Selbstzweck, sondern als Mittel der Selbstbefreiung des Denkens lesbar. Die zweite Phase der Verwandlungen des Geistes ist die Phase der Loslösung und der Umwertung aller Werte, für die der Löwe steht. Die Unschuld des Werdens ordnet Nietzsche dagegen dem freien Spiel des Kindes

---

[59] Nietzsches Philosophie der ewigen Wiederkehr des Gleichen, Hamburg, 1978
[60] Nietzsche, KSA, Bd. 4, S. 28 ff.

zu. Auch wenn die Schlüssigkeit solchen Klassifizierens besticht, ist schon an der Überschneidung jener drei Aspekte deren Unzulänglichkeit messbar. Das mutwillige Spiel mit der Sprache und mit Wahrheiten ist nicht Löwe, sondern auch schon früh das Kind, das Disteln köpft. Und in der späten Kindphase ist noch genügend Löwe und beißender Spott enthalten, um deren Abgrenzung zu widerlegen. Ein Jahr nach Nietzsches 100. Todesjahr sind die ersten drei Bände der Abteilung IX der *Kritischen Gesamtausgabe* erschienen, die im Vorjahr so mancher der zahlreichen Nietzschedebatten eine andere Wendung gegeben hätten. Sie bieten eine hochinteressante typografische Transkription von Nietzsches Notizbüchern mit deren digitaler Faksimilierung auf CD-ROM. Hier eine kurze, aber bezeichnende, graphologische Anmerkung aus der editorischen Vorbemerkung:

»Nietzsches Handschrift der späten Jahre gilt als schwer lesbar; sie ist hochgradig individualisiert. Das Varianzspektrum einzelner Grapheme ist beträchtlich, ihre Differenzierbarkeit dagegen oft unzureichend. Polyvalente Einzelzeichen kommen ebenso vor wie nicht unterscheidbare Wortbilder mit offenkundig unterschiedlicher Bedeutung. Ein Wille zur Einheitlichkeit und Konformität ist kaum zu erkennen. Die nicht mundierten Aufzeichnungen sind zum Teil mehrfach, nicht selten unsystematisch und unvollständig überarbeitet. Die Niederschriften können als Material zur Relektüre für ihren Verfasser charakterisiert werden, der sein Schreiben offenbar als einen immer wieder neu nicht abschließbaren Prozeß empfand.«[61]

Diese Charakteristik von Nietzsches Handschrift läuft allem Systematisierungswillen seiner Interpreten, wie seiner Schwester, deutlich zuwider. Selbst Colli und Montinari haben die Unmöglichkeit versucht, aus dem Nachlass einen lesbaren Text zu rekonstruieren, und nur die so genannten Wahnsinnszettel blieben während der gesamten Nietzscherezeption von Anfang an von diesem Verfahren ausgenommen, gerade sie bilden aber jetzt das

---

[61] Nietzsche, Werke, Kritische Gesamtausgabe, begründet von Giorgo Colli, und Mazzino Montinari, weitergeführt von Wolfgang Müller-Lauter und Karl Pestalozzi, herausgegeben von Marie-Luise Haase und Michael Kohlenbach, Abt. IX, Bd. 1, S. XVI

Paradigma der Nachlassveröffentlichung. Rüdiger Schmidt schreibt zu Nietzsches, jeder Systematisierung spottenden Ausdruck:

»Die Gedanken in teilweise kleinster Schrift in nur handgroßen Notizbüchern, kaum zu entziffern, erinnern im Original häufig eher an ein expressionistisches Kunstwerk als an einen Text.«[62]

Als Fazit bleibt vorerst die radikale Rückbesinnung auf die, von Nietzsche selbst herausgegebenen Schriften, die wie Inseln aus einer bestürzenden Gedankengewalt ragen.

2 Geburt der Tragödie als Basis für Nietzsches Denken

Mit der *Geburt der Tragödie aus dem Geiste der Musik* erweitert Nietzsche die Grenzen der Philologie. Ihr Ansatz, streng gegen die wissenschaftliche Konvention gerichtet, leuchtet das wegen seiner spärlichen Quellenlage weitgehend spekulative Forschungsgebiet über den Ursprung der griechischen Tragödie neu aus.[63] Besonders die Spannungen im Begriff der Tragödie, der sich aus *tragos* und *odia* zusammensetzt, was übersetzt Bock und Gesang, also so viel wie Bocksgesang bedeutet, irritiert die Forscher an der altehrwürdigen Kunstform der griechischen Tragödie und nährt dagegen Nietzsches Spekulation.

Die *Geburt der Tragödie* ist für die Entfaltung des Machtgedankens deshalb von Bedeutung, weil Nietzsche in ihr bestimmende Motive seines Denkens ausbreitet und deutlich formuliert und weil es noch an einen Adressaten gerichtet ist. In seinen späteren Schriften, die nach dem Bruch mit Richard Wagner entstehen, zeigt er sich dagegen zunehmend in einer schillernden Vieldeutigkeit wie im Untertitel seines *Zarathustra*, das er *Ein Buch für alle und keinen* nennt, einer Vieldeutigkeit, mit der er die Grenzen des bis dahin philosophisch Mitteilbaren hinter sich lässt.

Im Folgenden soll Nietzsches Frühschrift *Die Geburt der Tragödie aus dem Geiste der Musik* nur im Hinblick auf die Unter-

---

[62] Süddeutsche Zeitung, 24./25. November 2001, S. 16
[63] vgl. Joachim Lactacz, Fruchtbares Ärgernis: ›Nietzsches Geburt der Tragödie‹ und die gräzistische Tragödienforschung, Basel, 1998

suchung der Macht–Ohnmacht-Problematik und, in diesem Zusammenhang, auf die Grundmotive seines Denkens hin untersucht werden. Vor allem die beiden Gottheiten der Kunst, Apoll und Dionysos, sind hierbei von Interesse; insbesondere im Hinblick auf Nietzsches Verhältnis zur Wahrheit, das im Innersten von einem analog angelegten Dualismus geprägt ist.

Die *Geburt der Tragödie* ist mit einem Vorwort Richard Wagner gewidmet, darin bekennt Nietzsche, dass er, *bei allem, was er sich erdachte*, mit Wagner *wie mit einem Gegenwärtigen verkehrte und nur etwas dieser Gegenwart Entsprechendes niederschreiben durfte*[64] und weiter heißt es, *er sei von der Kunst als der höchsten Aufgabe und eigentlichen metaphysischen Tätigkeit dieses Lebens überzeugt.*[65] Auch nach seinem Bruch mit Wagner bleibt er der hohen Einschätzung der Kunst treu und betont immer wieder, das Dasein sei nur ästhetisch gerechtfertigt. Im weiteren Verlauf seines Lebens ist Kunst jedoch nicht mehr Selbstzweck, sie wird zunehmend Mittel zur Erweiterung der Freiheit seines Denkens. In der Spannung, die sich bei der Unterordnung von Philosophie unter die Kunst gegenüber der philosophischen Tradition bildet, ist bei Nietzsche jene grundlegende Tendenz der Überwindung und Grenzüberschreitung angelegt, die mit dem Streben einher geht, eine Außenperspektive zum wissenschaftlichen Betrieb zu erlangen. Die Rechtfertigung für dieses Verfahren war ihm damals selbstverständlich durch seine emphatische Freundschaft mit Richard Wagner gegeben. Sechzehn Jahre später, im Vorwort zur zweiten Auflage der *Geburt der Tragödie* und nach seiner endgültigen Trennung von Wagner, erklärt er nachträglich seine Distanz zum szientivistischen Ideal:

> »Was ich damals zu fassen bekam, etwas Furchtbares und Gefährliches, ein Problem mit Hörnern, nicht gerade notwendig ein Stier, jedenfalls ein neues Problem: heute würde ich sagen, daß es das *Problem der Wissenschaft* selbst war – Wissenschaft zum ersten Male als problematisch, als fragwürdig gefaßt ... hingestellt auf den Boden der Kunst – denn das Problem der Wissenschaft kann nicht auf dem Boden der Wissenschaft erkannt werden.«[66]

---

[64] vgl. Nietzsche, KSA, Bd. 1, Die Geburt der Tragödie, S. 23
[65] vgl. a.a.O., S. 24
[66] a.a.O., S. 13

Nietzsche schlägt hier jenes für das nachfolgende 20. Jahrhundert und auch für Adorno so bedeutende Thema der Rationalitätskritik an. Mit zwei Punkten am vorstehenden Zitat verteidigt er seinen übergeordneten ästhetischen Standpunkt: zum Einen muss die Frage nach der szientivischen Erkenntnis von einem außer ihr liegenden Standpunkt gestellt werden und zum andern spricht er von *Wissenschaft* und nicht von Philosophie. Beide Aspekte sind jeweils mit der Weise verbunden, wie er das Verhältnis von Ästhetik und Erkenntnis betrachtet. Der erste Gesichtspunkt weist auf den universellen Anspruch Nietzsches hin, mit dem er Wissenschaft als ganze problematisiert und von außen, das heißt von der Kunst her zu begreifen versucht – hier ist ein entscheidender Unterschied zu Adorno, dessen künstlerische Ambitionen formaler in ein streng immanentes Denken eingebracht werden. Allerdings stammt auch Adornos wissenschaftskritische Haltung nicht aus reiner Philosophie, sondern aus dem Zusammenhang des Denkens mit der Wirklichkeit, das heißt, sie ist wesentlich inhaltlich und gesellschaftlich orientiert. Demnach ist Immanenz bei Adorno doch problematischer zu fassen, nämlich als eine Immanenz, die ständig eine Bewegung entlang ihrer Extreme reflektiert.

Der zweite Aspekt aus dem oben genannten Zitat, nämlich, dass Nietzsche verallgemeinernd von Wissenschaft spricht, deutet auf seinen Weg hin, auf dem er den partikularen und für ihn beengenden wissenschaftlichen Standpunkt des Philologen verlässt, um freilich kritisch und aus großer Distanz über die Kunst zur Philosophie zu kommen. Darin zeigt sich einerseits das Besondere seines Standpunktes, andererseits aber auch, dass seine persönliche Problematik sehr wohl verallgemeinerungsfähig ist. Gerade der übergreifende Denkhabitus könnte für interdisziplinäre Ansätze einen Gutteil von Nietzsches heutiger Aktualität bestimmen. Einer Aktualität allerdings, über die Nietzsche nur höhnte, solange sie den Kreis der Wissenschaft nicht überschritte. Angezielt war von Nietzsche eben nicht ein interdisziplinärer Standpunkt, sondern die Verbindung von Denken, Kunst und Leben. Dass diese extrem subjektive Ausrichtung, allzu eng genommen, für jeden wissenschaftlichen Anspruch das Ende bedeutet, muss nicht unbedingt dazu führen, dass sie völlig ausgeklammert wird, kann doch der Blick auf Kunst und Leben wissenschaftliche Arbeit korrigieren und erneuern.

Philosophie und Ästhetik stehen für Nietzsche an dem für sein Denken essentiellen Begriff des Scheines in einem spannungsvollen

Verhältnis zueinander. Die Kategorie des Scheines ist bei Nietzsche sehr weit gefasst, sie ist ebenso erkenntniskritisch wie der Kunst immanent aufgefasst, als der schöne Schein. Sein emphatisches Urteil für diesen schönen Schein fällt Nietzsche von der Warte der menschlichen Existenz aus: Er ist für ihn die Bedingung menschlichen Lebens. Adorno setzt dem, im Zusammenhang mit grundlegenden erkenntnistheoretischen Erwägungen, seine unversöhnliche Dialektik von Wesen und Erscheinung gegenüber und überführt den Begriff des Scheines im Folgenden in die sozialphilosophische Kategorie der *totalen Ideologie*.

> »Nietzsche, unversöhnlicher Widersacher des theologischen Erbes in der Metaphysik, hatte den Unterschied von Wesen und Erscheinung verspottet und die Hinterwelt den Hinterwäldlern überantwortet, darin eines Sinnes mit dem gesamten Positivismus. Nirgendwo anders vielleicht ist so greifbar, wie unverdrossene Aufklärung den Dunkelmännern zustatten kommt. Wesen ist, was nach dem Gesetz des Unwesens selber verdeckt wird; bestreiten, daß ein Wesen sei, heißt sich auf die Seite des Scheins, der totalen Ideologie schlagen, zu der mittlerweile das Dasein wurde. Wem alles Erscheinende gleichviel gilt, weil er von keinem Wesen weiß, das zu scheiden erlaubte, macht, aus fanatisierter Wahrheitsliebe, gemeinsame Sache mit der Unwahrheit, dem von Nietzsche verachteten wissenschaftlichen Stumpfsinn, der es ablehnt, um die Dignität der zu behandelnden Gegenstände sich zu kümmern, und diese Dignität entweder der öffentlichen Meinung nachplappert oder als ihr Kriterium erkürt, ob über eine Sache, wie sie sagen, noch nicht gearbeitet worden sei.«[67]

Bemerkenswert, wie Adorno sich gewissermaßen am Nabel des Widerspruchs abarbeitet und Nietzsche hier in einem Atem kritisiert und sich auf ihn beruft. Für Nietzsche bleibt der ästhetische Aspekt seines Denkens weiterhin auch im Sinne eines Auswegs bestimmend, der in jedem Moment die Möglichkeit einer Metaperspektive eröffnet. Er bildet in seinen Frühschriften eine grundlegende Reflexionsstruktur, die zur Überwindung der auf die Logik beschränkten Erkenntnis dient; in diesem Zusammenhang spricht er wiederholt von *Artistenmetaphysik* und davon, dass das Leben

---

[67] Adorno, GS, Bd. 6, Negative Dialektik, S. 171

nur ästhetisch gerechtfertigt sei. Im Gegenzug erhebt Adorno für die künstlerischen Gebilde einen Anspruch auf Wahrheit. Im weiteren Verlauf von Nietzsches Schaffen verändert sich dessen ästhetisches Ideal: Die Metaphysik der Kunst wird für ihn zu jenem Mittel, das, ihm deutlich bewusst, statt der Religion die Erweiterung seines denkerischen Horizonts ermöglicht. Der artistische Aspekt seines Denkens drückt sich in seinem reiferen Stadium aber nicht mehr in einer ästhetischen Theorie aus, er geht über in jene ästhetische Praxis, mit der er sich die Freiheit seines Denkens erobert. Ihre Formen sind: Gedicht, Fabel und das theatralische Ambiente des *Zarathustra*; eine Sonderstellung, gewissermaßen am Rande der Philosophie, aber im Zentrum von Nietzsches Schreiben, nimmt der Aphorismus ein.[68] Die Bedeutung der *Geburt der Tragödie* liegt in der Konfiguration eines bis dahin unbekannten Grenzbereichs von Kunst, Philologie und Philosophie. Richtungsweisend für Nietzsches Werk wird die *Geburt der Tragödie aus dem Geiste der Musik*, insofern er mit ihr ein Verhältnis von Weisheit und Wahrheit entwickelt, das seinem weiteren Denken zum Grundschema dient.

2.1 Apoll, Dionysos und die Furcht vor der Wahrheit

Apoll und Dionysos umrahmen Nietzsches philosophisches Werk, sie stehen am Beginn seiner *Geburt der Tragödie* und am Ende seines schöpferischen Lebensabschnitts, den so genannten Wahnsinnszetteln, die Nietzsche mit *Dionysos* und *Der Gekreuzigte* signiert. Mit ihnen bringt er eine Verbindung des Göttlichen und der Kunst zustande, die das Göttliche als vom Menschen gemacht und die Kunst als göttlich erscheinen lassen. Die beiden Kunstgottheiten Apoll und Dionysos sind nach Nietzsche mit den gegensätzlichen Analogien des Traumes und des Rausches zu vergleichen. Er begreift sie als die beiden einander widersprechenden Triebe, die sich im *metaphysischen Wunderakt des Hellenischen Willens*, wie er euphorisch die attische Tragödie bezeichnet, vereinen. Zugleich erreicht Nietzsche mit der Personifikation der beiden grundlegenden Kunsttriebe in Apollo und Dionysos eine für sein Werk charakteristische theatralische Dynamik und Anschaulichkeit.

Die apollinische Begabung zum Traum erzeugt ihm zufolge eine

---

[68] vgl. Heinz Krüger, Über den Aphorismus als philosophische Form, München, 1988

Vollkommenheit der Traumzustände im Gegensatz zu der lückenhaft verständlichen Tageswirklichkeit[69] und wird mit ihrer Schönheit des Scheins dem Wachbewusstsein vorgezogen. Sie vertritt in seinem Schema das principium individuationis. Dagegen ist dem dionysischen Rauschzustand das *Zerbrechen des principii individuationis* zugeordnet; in der Folge von Schopenhauer betont Nietzsche,

»... das ungeheure *Grausen* ..., welches den Menschen ergreift, wenn er plötzlich an den Erkenntnisformen der Erscheinung irre wird, indem der Satz vom Grunde in irgendeiner seiner Gestaltungen, eine Ausnahme zu erleiden scheint. Wenn wir zu diesem Grausen die wonnevolle Verzückung, hinzunehmen, die bei demselben Zerbrechen des principii individuationis aus dem innersten Grunde des Menschen, ja der Natur emporsteigt, so tun wir einen Blick in das Wesen des *Dionysischen*, das uns am nächsten noch durch die Analogie des *Rausches* gebracht wird.«[70]

Das Pathos von Nietzsches Ausdruck lässt uns heute die geschichtliche Entfernung vor allem deutlich werden. Er schöpft in diesem frühen Stadium seines Denkens noch in Fülle aus der Romantik und der Klassik, die erst später bei ihm vielfach gebrochen und reflektiert wird und die dann durch den Zweifel am überzeitlichen klassischen Schema – des atomos aller abendländischen Kultur – wie durch Kernspaltung ungewisse Kräfte freisetzt. Da nach Nietzsche Vision und Abgrund die beiden von der Natur vorgegebenen Kunstschemata bilden, zu denen sich der Artist mimetisch verhalten muss, stellt er sie zunächst zueinander in Beziehung:

»Diesen unmittelbaren Kunstzuständen der Natur gegenüber ist jeder Künstler ›Nachahmer‹, und zwar entweder apollinischer Traumkünstler oder dionysischer Rauschkünstler oder endlich – wie beispielsweise in der griechischen Tragödie – zugleich Rausch- und Traumkünstler.«[71]

Da die Entrückung des dionysisch Verfassten nur rauschhaft begriffen werde, ist sein Verhältnis zu Apoll im Kern antagonistisch.

---

[69] vgl. Nietzsche, KSA, Bd. 1, Die Geburt der Tragödie, S. 27
[70] a.a.O., S. 28
[71] a.a.O., S. 30

Dieser wesenhafte Antagonismus zieht, Nietzsche zufolge, einen Friedensschluss zwischen Apoll und Dionysos nach sich, bei dem allerdings der Widerspruch zwischen den beiden Kunstgottheiten keineswegs aufgehoben wird, sondern in einer gesteigerten Form bestehen bleibt. Im Bild dieses Friedensschlusses stellt sich Nietzsche nicht einen entspannten oder aus der Erschöpfung der Kämpfenden resultierenden Friedenszustand vor, sondern ein Gleichgewicht der Mächte in der archaischen Kultur der Griechen. Während die dionysischen Barbaren ins Tierische abglitten, erreiche in den dionysischen Orgien der Griechen die Natur ihren künstlerischen Jubel, erst bei ihnen werde die Zerreißung des principii individuationis ein künstlerisches Phänomen.[72] Nach Nietzsche kann es nur in der dionysischen Begeisterung mitgeteilt werden, dem apollinisch Gestimmten dagegen erzeugt es ein Entsetzen darüber, dass ihm sein eigener Abgrund entgegen dämmert, nämlich

> »... das Grausen ..., daß ihm jenes alles doch eigentlich so fremd nicht sei, ja, daß sein apollinisches Bewußtsein nur wie ein Schleier diese dionysische Welt vor ihm verdecke.«[73]

Wie Nietzsche zuvor das Verhältnis der beiden Kunstgottheiten aus der dionysischen Perspektive gezeigt hat, so analysiert er in der Folge diesen Dualismus von der apollinischen Seite aus. Er beschreibt die Analyse anschaulich als Demontage des Gebäudes der apollinischen Kultur, deren Bild er im griechischen Tempel erkennt, dabei geht er vom Giebel oben, mit seinen Götterfiguren aus nach unten, zu den Fundamenten hin. Seinem ästhetischen Ansatz entsprechend weist er nicht Zeus, sondern Apollo die herausragende Stellung unter den olympischen Göttern zu:

> »Wenn unter ihnen auch Apollo steht, als eine einzelne Gottheit neben anderen und ohne den Anspruch einer ersten Stellung, so dürfen wir uns dadurch nicht beirren lassen. Derselbe Trieb, der sich in Apollo versinnlichte, hat überhaupt jene ganze olympische Welt geboren, und in diesem Sinne darf uns Apollo als der Vater derselben gelten.«[74]

[72] vgl. a.a.O., S. 33
[73] a.a.O., S. 34
[74] a.a.O., S. 34

Damit unterwirft er nicht nur die Wissenschaft dem Paradigma der Kunst, er weitet es auch auf seinen Stoff aus, über die Griechen. Hier beginnt Nietzsche, indem er Trieb und Sinnlichkeit vergöttlicht, seine Antithetik zur Vergeistigung im Christentum. Die traditionelle Lehre von Ursache und Wirkung wird bei ihm zur Frage nach dem Trieb, welcher der sinnlichen Regung und deren spezifischer Dynamik zugrunde liegt. Und diese Frage durchzieht sein gesamtes weiteres Denken bis hin zur *Genealogie der Moral*. Er legt die Betonung auf den leiblichen Impuls und befestigt zugleich Richtung und Ausgang der Erkenntnis am Menschen. In diesem Verhältnis Dionysos–Apoll verklammert er dem ihm eigenen Sinn für äußerste Grenzen folgend unterste und oberste Bewusstseinschichten und überspringt alles Mittlere. Dadurch negiert er nicht nur das christlich orientierte Denken mit seiner klar aufsteigenden Erkenntnisrichtung, auch die abendländische Vernunfttradition nach Sokrates wird von ihm umgewendet.

»Wer mit einer anderen Religion im Herzen, an diese Olympier herantritt und nun nach sittlicher Höhe, ja Heiligkeit, nach unleiblicher Vergeistigung, nach erbarmungsvollen Liebesblicken bei ihnen sucht, der wird unmutig und enttäuscht ihnen bald den Rücken kehren müssen. Hier erinnert nichts an Askese, Geistigkeit und Pflicht: hier redet nur ein üppiges, ja triumphierendes Dasein zu uns, in dem alles Vorhandene vergöttlicht ist, gleichviel ob es gut oder böse ist.«[75]

Nietzsches Antithese verläuft nicht zwischen Gut und Böse, sondern zwischen Sein und Nichtsein. Das Dasein ist aber für ihn nicht ein einfaches für sich Seiendes, es *triumphiert* mit *unerklärlicher Heiterkeit*. Gesteigert zum *triumphierenden Dasein* taucht hier bereits ein weiteres Hauptmotiv seines Denkens auf: die überschwängliche Bejahung. Um den Grund für die Leichtigkeit der apollinischen Kultur zu erklären, zitiert er die *griechische Volksweisheit* als den Unterbau des Gebäudes der apollinischen Kultur:

»Es geht die alte Sage, dass König Midas lange Zeit nach dem weisen *Silen*, dem Begleiter des Dionysos, im Walde gejagt habe, ohne ihn zu fangen. Als er ihm endlich in die Hände

---

[75] a.a.O., S. 34 f.

gefallen ist, fragt der König, was für den Menschen das Allerbeste und Allervorzüglichste sei. Starr und unbeweglich schweigt der Dämon; bis er, durch den König gezwungen, endlich unter gellem Lachen in diese Worte ausbricht: ›Elendes Eintagsgeschlecht, des Zufalls Kinder und der Mühsal, was zwingst du mich dir zu sagen, was nicht zu hören für dich das Ersprießlichste ist? Das Allerbeste ist für dich gänzlich unerreichbar: nicht geboren zu sein, nicht zu *sein, nichts* zu sein. Das zweitbeste aber ist für dich – bald zu sterben‹«[76]

Nietzsche zufolge ist die apollinische Götterwelt von den Menschen geschaffen zum Schutz vor der dionysischen Weisheit des Silen, mit ihrem Blick auf das Ephemere der menschlichen Existenz. Nur von daher erklärt sich auch jene Rede vom Triumph des Daseins als berechtigt, weil sie aus dem Ringen mit der Einsicht in die Nichtigkeit des Lebens hervorgeht und sich von ihr abstoßen muss. Festzuhalten bleibt: Der Sinn des Lebens ist für Nietzsche nicht gegeben, sondern errungen. Die Grundwahrheit, nach der der Mensch vor seiner eigenen Nichtigkeit steht, vor der er sich notwendig verbergen muss, nennt er den Zauberberg der griechischen Kultur. Dieser Zauberberg ist derjenige Bezugspunkt, an dem er sein eigenes Denken ausrichtet. Davon geht der existenzielle Zweig seines Selbstbewusstseins aus und dahin kehrt es auch immer wieder zurück; es ist für ihn der Topos, an dem er das für sein ganzes Denken grundlegende existenzielle Verhältnis zwischen Optimismus, Pessimismus und Leben immer wieder neu herstellt. Nicht zu verwechseln ist diese Form von trotzigem Lebensoptimismus mit dem von Sokrates erfundenen, rein auf die Erkenntnis bezogenen logischen Optimismus, an dem Nietzsche beißende Kritik übt. Hier beginnt sich bereits die Thematik der Konkurrenz zwischen Leben und Erkenntnis abzuzeichnen, die für das Verständnis von Nietzsches Werk grundlegend ist: Absolute Erkenntnis wäre für ihn nicht ertragbar und steht deshalb in seinem Gedankenkosmos mit dem auf das Leben bezogenen Optimismus in einem Verhältnis kreativer Spannung. Dies existenzielle Motiv der Wahrheit als die Gefahr der Zernichtung ist für Nietzsche entscheidend und die Frage: Wie viel Wahrheit verträgt ein Mensch?, sein Paradigma. Die Fähigkeit, Angst zu ertragen, erwählt er zum hervorragenden

---

[76] a.a.O., S. 35

Kriterium wahren Denkens. Der Anspruch, gefährlich zu denken, das heißt entlang dieses existenziellen Abgrundes, bildet seine anthropologische Konstante. Hinter Nietzsches Intention stehen nicht die Dinge, die er zu denken vorgibt, sondern sein Abgrund. Was er denkt, wird ihm Mittel zum Ausdruck und zugleich zur Verhüllung des persönlichen Abgrundes. Im Erkannten sucht und findet er seine eigene Unbedingtheit wieder. Dieses, für Nietzsches Denken im Verlauf seines Schaffens mehr und mehr an Bedeutung gewinnende Motiv der notwendigen Lüge und des Selbstbetrugs hat hier seinen Grund. Wahrheit, wie er sie versteht, folgt keiner sich selbst genügenden Logik; um den Menschen vor dem Einblick in seine Nichtigkeit zu retten, sucht sie die notwendig subjektive Logik des Lebens des Individuums. Solcher Lebenslogik entspricht, in diesem Stadium seines Denkens, seine Vorstellung der apollinischen Erlösung des Individuums im Schein:

»Apoll aber tritt uns wiederum als die Vergöttlichung des *principii individuationis* entgegen, in dem allein das ewig erreichte Ziel des Ur-Einen, seine Erlösung durch den Schein, sich vollzieht: er zeigt uns mit erhabenen Gebärden, wie die ganze Welt der Qual nötig ist, damit durch sie der Einzelne zur Erzeugung der erlösenden Vision gedrängt werde und dann, ins Anschauen derselben versunken, ruhig auf seinem schwankenden Kahne, inmitten des Meeres, sitze.

Diese Vergöttlichung der Individuation kennt, wenn sie überhaupt imperativisch und Vorschriften gebend gedacht wird, nur *ein* Gesetz, das Individuum, d. h. die Einhaltung der Grenzen des Individuums, *das* Maß im hellenischen Sinne. Apollo, als ethische Gottheit, fordert von den Seinigen Maß und, um es einhalten zu können, Selbsterkenntnis. Und so läuft neben der ästhetischen Notwendigkeit der Schönheit die Forderung des ›Erkenne dich selbst‹ und des ›Nicht zu viel!‹ einher.«[77]

Diese Kluft zwischen der Erlösung im Schein und der scheinbaren Erlösung zeigt die Größe von Nietzsches Denken und seine Gefahr; wie ausgesetzt und ohnmächtig es sich darstellt. Gerade durch diesen existenziellen Ansatz, mit seinem *Gesetz des Indivi-*

---

[77] a.a.O., S. 39 f.

duums, verflüssigt er jenen sich vom Absoluten herleitenden Wahrheitsanspruch und behauptet demgegenüber die Notwendigkeit des gesteigerten Lebensgefühls. An dieser Stelle wird Nietzsches Wahrheitsbegriff als relational erkennbar. Und zwar als eine Relation, die die Grenze zwischen Weisheit und Wahrheit beschreibt. Genauer gesagt wird dieses Verhältnis bei Nietzsche durch die beiden Paare Dionysos–Apoll einerseits und Dionysos–Sokrates andererseits symbolisiert. Im Bild der griechischen Tragödie verkörpert Dionysos die existenzielle Wahrheit als Abgrund und Apoll die Weisheit im Maßhalten. Mit der Nichtigkeit der im Unmaß sich verzehrenden menschlichen Existenz verbindet sich für Nietzsche im Dualismus von Dionysos und Apoll die maß- und zugleich machtvolle apollinische Weisheit ästhetisch. Den Aspekt der Schönheit nennt Nietzsche kritisch zur Erkenntnis: Schein. Diesem ästhetischen Wahrheitskonzept hält Nietzsche das Verhältnis Dionysos–Sokrates entgegen. Es bezeichnet den geistesgeschichtlichen Wendepunkt, an dem Wahrheit und Weisheit sich im Hässlichen und allem – für Nietzsche – Verachtungswürdigen verbinden. Sokrates gilt Nietzsche als das Urbild des Hässlichen; er wird für ihn Vorbild und Feindbild zugleich. In dem Aufsatz *Sokrates und die griechische Tragödie* aus dem Nachlass heißt es:

> »Einen Schlüssel zu dem Wesen des Sokrates bietet uns jene wunderbare Erscheinung, die als ›Dämonium des Sokrates‹ bezeichnet wird. In besonderen Lagen, in denen sein ungeheurer Verstand ins Wanken gerieth, gewann er einen festen Anhalt durch eine in solchen Momenten sich äussernde göttliche Stimme. Die Stimme *mahnt,* wenn sie kommt, immer ab. Die instinktive Weisheit zeigt sich bei dieser gänzlich abnormen Natur nur, um dem bewussten Erkennen hier und da *hindernd* entgegen zu treten. Während doch bei allen produktiven Menschen der Instinkt gerade die schöpferisch-affirmative Kraft ist, und das Bewusstsein kritisch und abmahnend sich geberdet: wird bei Sokrates der Instinkt zum Kritiker, das Bewusstsein zum Schöpfer – eine wahre Monstrosität per defectum! Und zwar nehmen wir hier einen monstrosen defectus jeder mystischen Anlage wahr, so daß Sokrates als der spezifische *Nicht-Mystiker* zu bezeichnen wäre, in dem die logische Natur durch eine Superfoetation ebenso überschwänglich entwickelt ist wie im Mystiker jene instinktive Weisheit. Andererseits aber

war es jenem in Sokrates erscheinenden logischen Triebe völlig versagt, sich gegen sich selbst zu kehren: in diesem fessellosen Dahinströmen zeigt er eine Naturgewalt, wie wir sie nur bei den allergrössten instinktiven Kräften zu unserer schaudervollen Ueberraschung antreffen.«[78]

Hier deutet Nietzsche anschaulich das antithetische Verhältnis von Trieb und Bewusstsein bei Sokrates als eine Umkehrung der Beziehung zwischen Apoll und Dionysos. Diese von Nietzsche als schrankenlose Gewalt der Natur beschriebene Vernunft mündet für Adorno und Horkheimer unmittelbar in eine Diagnose der Philosophiegeschichte und von da aus in die *Dialektik der Aufklärung*. Sie besteht in der moralischen Aufforderung zu einer Kehre des Denkens gegen sich selbst. Die *Dialektik der Aufklärung* richtet sich gegen ein Denken, das sich in seinem Anspruch wie eine entfesselte Naturgewalt geriert. In der Abgründigkeit des Geistes mit seinem *fessellosen Dahinströmen* diagnostiziert Adorno mit Horkheimer dessen bloßes Vorstadium als einen naturgeschichtlichen Zustand. Mit der Forderung nach der Selbstkritik des Denkens geht Adorno über Nietzsche, der diesen für ihn schmerzlichen Zustand erkennt und doch nicht ändert, hinaus.

> »Welcher Halbgott ist es, dem der Geisterchor der Edelsten der Menschheit zurufen muss: ›Weh! Weh! Du hast sie zerstört, die schöne Welt, mit mächtiger Faust; sie stürzt, sie zerfällt!‹«[79]

Nietzsche beklagt dieses sich selbst zerstörende Bewusstsein bezeichnenderweise im Dialog in der Sprache des tragischen Mythos – anders Adorno: Er sucht die Sprache des Denkens, ist sich aber auch darüber im Klaren, dass in der Eigendynamik des maßlosen Anspruchs im Bewusstsein auch dessen Selbstwiderspruch liegt. In solchem Zwiespalt entspinnt sich seine Dialektik. Vernunftkritik entfaltet in der Selbstreflexion die Thematik der Grenze. In ihr ist Kants Erbe zu erkennen; sie betrifft gewissermaßen die Außenansicht des Denkens mit dessen Rahmen. Dieser Rahmen erfährt mit Nietzsche eine bis zum Wahn reichende geistige Entgrenzung. Gegen Kant erhebt Hegel sein Diktum, nachdem jede Grenze damit,

---

[78] a.a.O., Bd. I, Sokrates und die griechische Tragödie, S. 629
[79] a.a.O., Bd. I, Sokrates und die griechische Tragödie, S. 625

dass sie gedacht, auch schon überschritten sei. Adorno reflektiert dies kritisch. Bei ihm ist der Aspekt der Selbstkritik des Denkens in dessen Mikrostruktur hineingenommen und wirkt in jeder Faser seines Bewusstseins mit einer unversöhnlichen Dialektik fort. Wenn er die prästabilierte Symmetrie, die Nietzsche als ein Gleichgewicht der Kräfte zwischen Apoll und Dionysos aufbaut, für die Philosophie verloren gibt, soll sie dennoch für die *Wahrheit von Kunst*[80] bürgen. In seinem 1955 gehaltenen Rundfunkvortrag *Das Altern der neuen Musik*[81] trägt Adorno den philosophischen Maßstab der Wahrheit an die Kunstwerke heran und entspricht so seiner innersten Überzeugung als Musiker und Philosoph. Kunst geht nach ihm aus einem substanziellen Ringen um die ästhetische Form hervor, in dem sich der Künstler mit dem Dualismus von Geist und Stoff auseinander setzt. Wenn Adorno sagt: *Das Schöne in der Kunst ist der Schein des real Friedlichen*[82] so paraphrasiert er eben damit Nietzsches Wendung der *Erlösung durch den Schein*. Jene religiöse Komponente, die im Anspruch an die Kunst auf die Idee der Erlösung als des wahren Friedens gegeben ist, schwankt hier zwischen den Extremen Blasphemie und Hoffnung. Spricht Adorno von Schein, schwingt auch die kabbalistische Bedeutung mit, nach der der Schein ein Abglanz und ein Versprechen des Wahren ist.[83] Die Lichtmetapher der Aufklärung mit deren cartesianischen Anspruch an den Gedanken, er solle *clair et distinct* sein, wird in solchem Denken ergänzt von einem Licht, das vom Wahren selbst ausgeht:

»Noch auf ihren höchsten Erhebungen ist Kunst Schein; den Schein aber, ihr Unwiderstehliches, empfängt sie vom Scheinlosen. Indem sie des Urteils sich entschlägt, sagt sie, zumal die nihilistisch gescholtene, es sei nicht alles nur nichts. Sonst wäre, was immer ist, bleich, farblos, gleichgültig. Kein Licht ist auf den Menschen und Dingen, im dem nicht Transzendenz wieder-

---

[80] vgl. Adorno, GS, Bd. 6, Negative Dialektik, S. 383
[81] in: Adorno, Aufarbeitung der Vergangenheit. Reden und Gespräche, Auswahl und Begleittext: Rolf Tiedemann, Audio Books, 1999, München
[82] Adorno, GS, Bd. 6, Negative Dialektik, S. 383
[83] vgl. Kai Pege, Über Horkheimers und Adornos Auffassungen philosophischer Sprachen. Eine Analyse im Kontext jüdischer Theologien, 1995, Gelsenkirchen, und Reinhard Matern, Über Sprachgeschichte und Kabbala bei Horkheimer und Adorno, 1995, Gelsenkirchen

schiene. Untilgbar am Widerstand gegen die fungible Welt des Tauschs ist der des Auges, das nicht will, daß die Farben der Welt zunichte werden. Im Schein verspricht sich das Scheinlose.«[84]

Die dionysische Maßlosigkeit des natürlichen Zustandes wird einer Erkenntnis zugetragen, die sich in ihrem Fragen zunehmend selbst als schrankenlos erfährt. Dass diese Schrankenlosigkeit, nach seinem geistigen Bruch mit der Romantik, für Nietzsche selber zum Paradigma wird, bezeugt der letzte Aphorismus aus der *Morgenröthe*, jener Schrift, mit der Nietzsche eben diesen Einschnitt in seinem Denken besiegelt:

»Wir Luft – Schifffahrer des Geistes! – Alle diese kühnen Vögel, die in's Weite, Weiteste hinausfliegen, – gewiss! Irgendwo werden sie nicht mehr weiter können und sich auf einen Mast oder eine kärgliche Klippe niederhocken – und noch dazu so dankbar für diese erbärmliche Unterkunft! Aber wer dürfte daraus schliessen, dass es vor ihnen *keine* ungeheure freie Bahn mehr gebe, dass sie so weit geflogen sind, als man fliegen *könne*! Alle unsere grossen Lehrmeister und Vorläufer sind endlich stehen geblieben, und es ist nicht die edelste und anmuthigste Gebärde, mit der die Müdigkeit stehen bleibt: auch mir und dir wird es so ergehen! Was geht das aber mich und dich an! *Andere Vögel werden weiter fliegen*! Diese unsere Einsicht und Gläubigkeit fliegt mit ihnen um die Wette hinaus und hinauf, sie steigt geradewegs über unserm Haupte und über unserer Ohnmacht in die Höhe und sieht von dort aus in die Ferne, sieht die Schaaren viel mächtigerer Vögel, als wir sind, voraus, die dahin streben werden wohin wir strebten, und wo Alles noch Meer, Meer, Meer ist! – Und wohin reisst uns dieses mächtige Gelüste, das uns mehr gilt als irgend eine Lust? Warum doch gerade in dieser Richtung, dorthin, wo bisher alle Sonnen der Menschheit untergegangen sind? Wird man vielleicht uns einstmals nachsagen, dass auch wir, nach Westen steuernd, ein Indien zu erreichen hofften, – dass aber unser Loos war, an der Unendlichkeit zu scheitern? Oder, meine Brüder? Oder? –«[85]

---

[84] Adorno, GS, Bd. 6, Negative Dialektik, S. 397
[85] Nietzsche, KSA, Bd. 3, Morgenröthe, Aphorismus 575, S. 331

Natur bedeutet für Nietzsche Unmaß und zugleich Überfluss. Sie wird forthin zum Leitbild seines Denkens. Sie ist dies *mächtige Gelüste*, das ihm *mehr gilt als irgend eine Lust*. Es ist die Leidenschaftlichkeit eines Denkens, das nach dem Christentum auch noch die ästhetische Versöhnlichkeit abstreift und dem unbedingten Willen zu sich selbst folgt. Nietzsches auf verschiedenen Stufen wiederkehrende Frage: Wie viel Wahrheit verträgt der Mensch?!, ist hierfür bezeichnend, ebenso wie die Selbstauskunft über seine Schriften: sie seien nur etwas für starke Geister. Und dieselbe Frage steht hinter seinem Beitrag *zur Naturgeschichte der Moral* im fünften Hauptstück von *Jenseits von Gut und Böse*, wenn er von der *Heerdenmoral* als jener *Moral der Furchtsamkeit*[86] spricht, die es zu überwinden gilt. Der Gestus der Stärke ist aber fatal wie der Selbststand eines Seiltänzers, der alle Sicherheit unter sich lässt.

Bei der Betrachtung der Methode der *Geburt der Tragödie* wird deutlich, dass Nietzsche gleich am Beginn den Anspruch erhebt, nicht nur zur logischen Einsicht, sondern zur unmittelbaren Sicherheit der Anschauung gelangen zu wollen, dass die Fortentwicklung der Kunst an die Duplizität des Apollinischen und des Dionysischen gebunden ist.[87] Sein Denken will vonvorn herein über die bloß wissenschaftliche Erkenntnis hinaus. Barbara von Reibnitz hat in ihrem wichtigen Kommentar zu Nietzsches *Geburt der Tragödie*[88] gezeigt, dass Nietzsche die wissenschaftlichen Einsichten, die er selbst mit jahrelangen umfangreichen Studien und Vorarbeiten zur Ursprungsproblematik der griechischen Tragödie gesammelt hat, zu Gunsten der Deutlichkeit der Darstellung und der Wirkung auf den Leser zurückstellt und bewusst übergeht. Im Wissen darum, dass in einem Aufsatz, der die Problematik von verschiedenen Seiten beleuchtete, sein auf Wagner gerichtetes Fortschrittspathos hoffnungslos verloren ginge, ordnet Nietzsche wissenschaftliche Objektivität klar Wagners Vision einer Wiedergeburt der griechischen Tragödie aus dem Geiste der Musik unter und entfaltet einen großartigen kreativen Irrtum. Er erhebt den Gedanken des Fortschritts nicht in einer Kontinuität von den Griechen bis zu seiner Zeit, sondern im Hinblick auf jene, für ihn, hoffnungsvollen Anfänge der abendlän-

---

[86] vgl. a.a.O., Bd. 5, Jenseits von Gut und Böse, S. 123
[87] a.a.O., Bd. 1, Die Geburt der Tragödie, S. 25
[88] Ein Kommentar zu Friedrich Nietzsches »Die Geburt der Tragödie aus dem Geiste der Musik«, Stuttgart, 1992

dischen Kultur, in deren Überlieferung er sein höchstes Ideal erkennt. Die Zwischenzeit beurteilt er nach dem Maß dieser Überlieferung, sie ist für ihn über weite Strecken eine Zeit des Niederganges, daher sein Fernblick. Hier ist bei Nietzsche eine sich im Fortgang seines Schaffens mehr und mehr verschärfende und gegen die Vernunft gerichtete Haltung angelegt. Sie nimmt nicht wissenschaftliche Objektivität zum Ziel, sondern verschwistert sich unmittelbar der schöpferischen Seite der Kunst. Und in der Kunst sucht sie denjenigen Bereich, dem Künstler und Rezipient gemeinsam angehören.

»Daran nämlich wird er messen können, wie weit er überhaupt befähigt ist, den Mythus, das zusammengezogene Weltbild, zu verstehen, der, als Abbreviatur der Erscheinung, das Wunder nicht entbehren kann.«[89]

Für die Sphäre, die sich über äußerste Leidenschaften erhebt und sie nur wie ein ästhetisches Spiel erscheinen lässt, imaginiert Nietzsche als passenden Rezipienten den *ästhetischen Zuhörer*. Ästhetischer und kritischer Zuhörer unterscheiden sich nach Nietzsche wesentlich in ihrem Verhältnis zum Kunstmittel des Wunders: Lässt sich der ästhetische Typus, im Gedenken an seine Kindheit, bereitwillig davon verzaubern, so lehnt es der kritische Typus rationalisierend ab.

»Ohne Mythus aber geht jede Cultur ihrer gesunden schöpferischen Naturkraft verlustig: erst ein mit Mythen umstellter Horizont schliesst eine ganze Culturbewegung zur Einheit ab. Alle Kräfte der Phantasie und des apollinischen Traumes werden erst durch den Mythus aus ihrem wahllosen Herumschweifen gerettet. Die Bilder des Mythus müssen die unbemerkt allgegenwärtigen dämonischen Wächter sein, unter deren Hut die junge Seele heranwächst, an deren Zeichen der Mann sich sein Leben und seine Kämpfe deutet: und selbst der Staat kennt keine mächtigeren ungeschriebnen Gesetze als das mythische Fundament, das seinen Zusammenhang mit der Religion, sein Herauswachsen aus mythischen Vorstellungen verbürgt.«[90]

[89] Nietzsche, KSA, Bd. 1, Die Geburt der Tragödie, S. 145
[90] a.a.O., S. 145

Deutlich ist hier Nietzsches mythisch romantischer Standort gekennzeichnet: Der Mythos soll statt des Systems Halt bieten. Adorno rekurriert auf solches Feste und denkt, wie der spätere Nietzsche, dagegen an.
Die Schwierigkeit, Nietzsches und Wagners Wunsch, die Reanimation der Tragödie, zu verwirklichen, scheint in Nietzsches Sätzen über Goethes Verhältnis zum Tragischen durch:

> »Jene pathologische Entladung, die Katharsis des Aristoteles, von der die Philologen nicht recht wissen, ob sie unter die medicinischen oder die moralischen Phänomene zu rechnen sei, erinnert an eine merkwürdige Ahnung Goethe's. ›Ohne ein lebhaftes pathologisches Interesse‹, sagt er, ›ist es auch mir niemals gelungen, irgend eine tragische Situation zu bearbeiten, und ich habe sie daher lieber vermieden als aufgesucht. Sollte es wohl auch einer von den Vorzügen der Alten gewesen sein, dass das höchste Pathetische auch nur aesthetisches Spiel bei ihnen gewesen wäre, da bei uns die Naturwahrheit mitwirken muss, um ein solches Werk hervorzubringen?‹«[91]

Wenn Schlingensief heute die Bühne seiner Wagnerinszenierung mit filmischen Nah-Tod-Assoziationen überblendet, stellt er wieder einen solchen anthropomorphen Grenz-Horizont her, als eine notwendige Schutzhülle für diesen längst fragwürdig gewordenen Anspruch, den Wagner mit seinem Konzept des Gesamtkunstwerks erhebt.

2.2 Exkurs: Nietzsches Dionysos und Artauds Theater der Grausamkeit

Nietzsches Denken beschreibt eine Choreographie des Scheiterns, für das es sich einen vieldimensionalen und übersinnlichen Raum erschafft. Wenn es jemanden gibt, der Nietzsche darin geistig nahe steht, dann ist es Antonin Artaud, der die verinnerlichten Strukturen von Macht und Ohnmacht auf die Bühne befördert und im künstlichen Licht des Theaters und des Stummfilms unmittelbar die mystische Grausamkeit von Beherrschung und Selbstbeherrschung darstellt. Wie in jener Stummfilmszene, in der Artaud als

---

[91] a.a.O., S. 142 f.

junger Mönch der auf dem Scheiterhaufen brennenden Jeanne d'Arc bis zuletzt das Kreuz vor Augen hält, überträgt er in seinem Manifest über das *Theater der Grausamkeit* das Tragische in eine gleichzeitig materiell-sinnliche und metaphysische Ebene, auf der vom Übergang von Tod und Leben gehandelt wird.

»Es geht also für das Theater im Hinblick auf seinen psychologischen und humanistischen Leerlauf darum, eine Metaphysik des Wortes, der Gebärde, des Ausdrucks zu schaffen. Aber all dies nützt nichts, wenn hinter einem derartigen Bemühen nicht so etwas wie eine echte metaphysische Versuchung steht, eine Anrufung gewisser Ideen, die ungewohnt sind und deren Bestimmung eben darin liegt, daß sie weder begrenzt noch ausdrücklich dargestellt werden können. Diese Ideen, die mit der Schöpfung, dem Werden, dem Chaos zu tun haben und alle kosmischer Natur sind, liefern eine erste Ahnung von einem Bereich, dem sich das Theater völlig entwöhnt hat. Sie vermögen eine Art spannender Gleichung zwischen Mensch, Gesellschaft, Natur und Ding aufzustellen.«[92]

Artaud spricht hier von kosmischen Ideen, die sich wesentlich gegen ihre Rationalisierbarkeit sperren. Als Schauspieler, Regisseur und Theoretiker erreicht er kurze Zeit nach Nietzsche einen Zustand, in dem die Mythen der Weltkulturen in eins fallen. Abgesehen von dem Konservativismus, mit dem Nietzsche in seinem Frühwerk noch Hoffnungen auf eine Einheit des kulturellen Horizonts setzte, nähert er sich im tragischen Pathos Antonin Artaud. Von seiner Forderung, jede Kultur müsse für ihre Mitglieder einen geschlossenen Horizont zur Verfügung stellen, rückt Nietzsche von seinen *Unzeitgemässen Betrachtungen* an ab und geht dazu über, die Möglichkeit der aktiven Herstellung dieser Geschlossenheit auch dem Individuum zuzutrauen; von der *Genealogie der Moral* an ist jeder Horizont für ihn endgültig aufgerissen. Jene, noch in der *Geburt der Tragödie* beschworene, kulturelle Einheit ist mit den beiden Protagonisten des Gesamtwerkes von Nietzsche selbst gebrochen: Dionysos und Zarathustra gehören dem einheitlichen Kulturkreis nur an, weil Nietzsche sich mit ihnen identifi-

---

[92] Antonin Artaud, Das Theater und sein Double, 1979, Frankfurt a. M., S. 96

ziert. Einheit ist nicht gegeben, sondern in einem Akt fortlaufender Psycho-Synthese von Nietzsche selbst hergestellt. Einzig die Person vermittelt, kein Begriff, der schon vorhanden wäre. Dass das Resultat dieser Synthese nicht der Beliebigkeit verfällt, zeigt Nietzsches Werk, das wie kein zweites das spätere Denken prägte.

Wo, jenseits der kolonialistischen Aufspaltung der Welt, die Archetypik des menschlichen Geistes mit ihren Mythen für Artaud zum interkulturellen Bezugspunkt für sein Theater der Grausamkeit wird, kommt er Nietzsche am nächsten. Das Persönliche ist zugleich das Unpersönliche: Nietzsche treibt Persönlichkeit so ins Extrem, bis sie sich aufzulösen beginnt und unpersönlich wird, zur Leerstelle, in die jede beliebige Person passt. Artaud und Nietzsche begegnen sich an dem Punkt, von dem, wenn auch in verschiedene Richtungen, Mythos und Individuation ausgehen. Nietzsche, der Zeitreisende, versetzt sich in die Vergangenheit. Artaud, der Weltreisende, gewinnt die Idee der Archetypik der menschlichen Existenz aus seinen Exkursionen, die ihn bis nach Bali und Neu Mexiko führen, wo er für seine Idee von Theater religiöse Riten und Mythologien und deren Ausdruck studiert. Er erträgt jedes interkontinentale Missverständnis und jede interkulturelle Demütigung der Meskajotl Indianer in Neu Mexiko bis an den Rand seiner eigenen Auflösung und entwirft von da aus sein *Theater der Grausamkeit*, das ihm selbst zum mythischen Ort wird.

Für Adorno ist jede Tragik wie der ihr zugrunde liegende Mythos von Odysseus in den Prozess der Aufklärung eingegangen – und für uns in die Ephemeren der täglich sich wiederholenden Nachrichten. Das Bewusstsein von einer überzeitlichen kosmischen Ordnung, mit der die Tragödie kommuniziert, ist bei Adorno unter einer Wirklichkeit begraben, die sich längst der Tragik entzieht. Bei Nietzsche wird sie trotz der ewigen Wiederkunft bereits komisch. Ihre Wahrheit versuchte Artaud im frühen 20. Jahrhundert mit seinem Manifest des Theaters der Grausamkeit noch einmal in der Sprache des längst noch nicht entdeckten menschlichen Körpers freizulegen.

2.3 Grenze und Grenzüberschreitung

Nietzsche als ein Erbe von Kants Kritizismus treibt diesen auf die Spitze, indem er ihn in einem hohen Maß zu einem Formgebenden ausgestaltet. Jene Grenzthematik, die Kant in seiner Vernunftkritik aufwirft und die bereits Hegel mit seinem berühmten Diktum, jede gedachte Grenze sei als solche auch schon überschritten, wird in Nietzsches Denken zur Funktion, dergestalt, dass die Außenbereiche eines jeden Gegenstandes Ziel jener Betrachtungen werden, die er überwinden will. Wird diese Methode im Zusammenhang mit dem Machtkomplex gesehen, in dem sich Nietzsches Philosophie bewegt, entspricht sie einem Gestus des maximal Möglichen im Denken. Die Darstellung der Unentscheidbarkeit von Kants Antinomien wurde von Nietzsche als Großtat gewertet; er liest sie als Freibrief, die Grenzen der reinen Vernunft zu überspringen.

Und so prägt auch nicht wissenschaftliche Objektivität Nietzsches Verhältnis zu den Vorsokratikern, eher ist es Wahlverwandtschaft. Mit dem Ausgang von den Griechen in seiner *Geburt der Tragödie* teilt Nietzsche den menschlichen Geist in zwei für ihn grundlegende Bereiche ein: 1. das mythische Denken, das durch das Verhältnis Dionysos–Apoll gekennzeichnet ist und 2. das logisch-diskursive Denken mit seinem Gegensatzpaar Dionysos–Sokrates. Im mythischen Bereich des menschlichen Bewusstseins befindet sich die griechische Tragödie, deren Wiedergeburt er sich euphorisch von Wagners Opern erhoffte, und in ihn projiziert Nietzsche das Urbild des schöpferischen Menschen. Erst nachdem er nicht mehr unmittelbar dem Einflusskreis von Wagner untersteht, wird ihm die Tragweite seines eigenen Denkens nachträglich bewusst. Beflügelte vorher die Freundschaft mit Wagner und Liebe zur Kunst den Gedanken, breitet sich nach der Trennung eine Erkenntnis aus, die ihre Verbindung mit der Philosophie sucht. Der Treibstoff dieser Erkenntnis ist Nietzsches starker Ichbezug, der ihm keinen Schritt zurück offen lässt. Er legt seine Vita bis zu seinem Ende als Kategorie einer Erkenntnis aus, die, weil durchlebt, für ihn objektiv gültig ist. Daher wird der ästhetische Standpunkt mit seiner Beziehung zu Wagner nicht abgestoßen, sondern auf sein Werk bezogen. Und wie Adorno mit Recht bemerkt, wird Nietzsche für sich selbst zum absoluten Bezugspunkt jedes Gedankens. Das cogito ergo sum ist für ihn umgekehrt zu lesen, das heißt von seinem Sein aus.

Provokativ und gleichsam im eigenen Blut, mit einer Wunde, die er selbst zu versorgen sucht und doch immer weiter aufreißt, urteilt Nietzsche zur Zeit der Entstehung seiner *Genealogie der Moral* im Nachlass:

»Moralisch ausgedrückt, *ist die Welt falsch*. Aber insofern die

Moral selbst ein Stück dieser Welt ist, so ist die Moral falsch. Der Wille zur Wahrheit ist ein Fest-*machen*, ein Wahr-, Dauerhaft-*machen*, ein Aus-dem-Auge-schaffen jenes *falschen* Charakters, eine Umdeutung desselben ins *Seiende*. Wahrheit ist somit nicht etwas das da wäre und das aufzufinden, zu entdecken wäre – sondern etwas, *das zu schaffen ist* und das den Namen für einen Prozeß *abgibt*, mehr noch für einen Willen der Überwältigung, der an sich kein Ende hat: Wahrheit hineinlegen, als ein *processus in infinitum, ein aktives Bestimmen – nicht* ein Bewußtwerden von etwas, das an sich fest und bestimmt wäre. Es ist ein Wort für den ›Willen zur Macht‹.«[93]

Zwischen dem Urteil über Wahrheit und Falschheit der Welt, die nach Nietzsche obendrein ins bloß Moralische verstrickt ist, bewegt sich in einer dreifachen Steigerung der Wille als Wille zur Wahrheit, Wille zur Überwältigung und als Wille zur Macht. Für ihn kann Erkenntnis niemals passive interesselose Anschauung, sondern nur aktives Bestimmen sein. Sein Gegenstand ist nicht die Welt, sondern *jener falsche Charakter* im Urteil und im Anspruch auf Wahrheit. Nietzsche sucht nicht den Weg der Selbstreflexion der Moral respektive Erkenntnis, er bricht aus in einen, für ihn bezeichnenden, Aktionismus. Auch Adorno trifft diese Entscheidung zwischen Aktionismus und Selbstreflexion eines Denkens, das sich kritisch gegen sich selbst wendet explizit; und zwar eindeutig für die Selbstkritik des Denkens. Hegels Satz in der Vorrede zur *Phänomenologie des Geistes*, nach dem das Wahre das Ganze ist, untergräbt er damit moralisch. Das Muster der Umkehrung von passiven in aktive Formen der Erkenntnis wird bei Nietzsche an entscheidenden Stellen immer wieder wirksam. Besonders seine Bestimmung des Leides als einer aktiven Fähigkeit ist in dieser Hinsicht aufschlussreich und vor allem, wie er, mit dem Ernst des spielenden Kindes, noch jede Situation der Ohnmacht umprägt und in einen Zusammenhang der scheinbaren Machtfülle stellt. Die Möglichkeit der mutwilligen Umkehrung der einzelnen Bestandteile seiner Annahmen ist für Nietzsches Denken in jeder Phase präsent. Er schießt aber an dem Punkt über das Spiel hinaus, an dem die bloße Umstellung zur Umwertung wird, weil Wertung und Urteil nicht mehr mit dem Bereich einer bloß spielerischen

---

[93] Nietzsche, KSA, Bd. 12, Nachgelassene Fragmente, Herbst 1887, S. 384

Geltung zur Deckung kommen. Wenn er am *Leitfaden des Leibes* denkt, entwirft er eine Topologie des menschlichen Körpers, die in jenem apollinisch-dionysischen Dualismus vorgeprägt und mitgedacht ist. Er sublimiert diesen Umstand nicht ästhetisch, sondern nimmt ihn ins Bewusstsein und in die Philosophie mit auf. Dies seiner selbst bewusste Individuum steht außerhalb des sozialen Kontextes und der *Heerde*, wie Nietzsche sagt. Seine gesellschaftsbezogenen Äußerungen wirken durch ihre Radikalität stark polarisierend. Obwohl er selbst am Rande des Existenzminimums lebt und sich das Geld für den Druck seiner Bücher vom Mund abspart, geht er mit dieser Situation mit äußerstem Stolz um. Adorno, der sich nach seiner Rückkehr aus dem Exil gerne im Grandhotel in Sils Maria aufhielt, schreibt über Nietzsches so genannte *Bärenhöhle*:

> »Das Haus, in dem Nietzsche wohnte, wird entstellt von einer unsäglich philiströsen Inschrift. Aber es zeigt, wie würdig man vor achtzig Jahren arm sein konnte. Heute wäre man, unter ähnlichen materiellen Bedingungen, bürgerlich deklassiert; angesichts des ostentativ hohen Gesamtstandarts fühlte man von der Kargheit sich gedemütigt. Damals erkaufte man um den Preis bescheidenster Lebensführung die geistige Unabhängigkeit. Auch das Verhältnis zwischen Produktivität und ökonomischer Basis unterliegt der Geschichte.«[94]

Die Kritik an ungerechten gesellschaftlichen Herrschaftsverhältnissen verurteilt Nietzsche schärfstens, Gleichheit ist nicht sein Ideal, sie assoziiert er mit denjenigen christlichen Positionen, gegen die er leidenschaftlich andenkt.

Ein anderer wichtiger Gesichtspunkt von Nietzsches Machtbegriff ist die psychologische Aspekt seines Denkens. Bis heute provozieren seine psychologischen Analysen, mit denen er in jeder menschlichen Schwäche das Motiv der Macht als treibende Kraft ausfindig macht. Es bildet in seinem Konzept Ursprung und Ziel aller menschlichen Äußerung. Seine Betrachtungen der menschlichen Psyche sind zwar ihrer Form nach analysierend und erwecken daher beim Leser den Anschein von Objektivität und großer Stringenz; dennoch sind sie von vornherein unter der Rücksicht des Maximums an erreichba-

---

[94] Adorno, GS, Bd. 10.1, S. 328

rer Machtfülle der von ihm untersuchten Typen durchgeführt und konstruiert. Er verfolgt den Machtaspekt der menschlichen Psyche in unerwarteten Formen und Wendungen. Die Idee der Macht wird dabei hochdialektisch zum universalen Interpretationsschema der Erkenntnis des Menschen und dessen Selbsterkenntnis. Von dieser Perspektive geht auch seine Kritik bestehender Werte aus und seine eben diesen Werten entgegengesetzte Moral der Stärke. Mit dem einzigen Imperativ dieser Moral, dem schöpferischen sich selbst absolut setzenden Willen, der keinen Schöpfergott mehr neben sich duldet, versucht Nietzsche den Gottesbegriff zu substituieren. Sein Satz: *Gott ist tot* öffnet für ihn dies ungeheure Machtvakuum, das zum einen den Blick erst frei gibt auf die unter den Menschen bestehenden Moral- und Herrschaftsverhältnisse. Zum anderen ermöglicht dieses Machtvakuum auch jenen nur Nietzsche eigenen Extremismus des Denkens.

Nennt Adorno Nietzsche den unversöhnlichen Widersacher des theologischen Erbes im Denken,[95] trifft dies nur bedingt zu, weil Nietzsche, von Kind auf christlich geprägt, auch während seiner Selbstbefreiung in der Negation verbleibt. Sein Denken ist damit wohl dialektisch, aber dennoch der Kategorie des Absoluten immanent. Erst Adorno geht an diesem Punkt mit seiner Identitäts- und Totalitätskritik über Nietzsche hinaus: Indem er theologische und philosophische Anteile sondert, vollendet er Nietzsches Kreuzzug gegen das Kreuz, wenn auch, wie er am Ende der *Negativen Dialektik* behauptet, in rettender Intention.

Nietzsches Bedeutung für die Theologie liegt darin, dass er sie herausfordert, und Adorno antwortet solcher Radikalität mit jenem äußersten christlichen Topos, *der Sehnsucht nach der Auferstehung des Fleisches.*[96] Konzentriert Nietzsche seine Reflexionen streng auf den Menschen und kritisiert er von da aus das Feld der Ratio und ihrer der abendländischen Vernunfttradition verbundenen Orientierung am Absoluten, so wirkt sich diese Ausrichtung am Menschen formal und inhaltlich aus: Formal deshalb, weil Nietzsche die logischen Begriffe mimetisch zum zwischenmenschlichen Bereich ausprägt und nicht, wie die traditionelle Philosophie, die Mimesis ans Absolute betreibt. Und inhaltlich, sofern der Mensch, oder besser gesagt, die Überwindung des Menschen, eines seiner großen Themen ist.

[95] vgl. a.a.O., Bd. 6, Negative Dialektik, S. 171
[96] a.a.O., S. 207

2.4 Dialektik des Scheins

Obwohl Nietzsches Vorgehensweise als undialektisch gilt, ist sie doch wesentlich antithetisch geprägt. Das im Hegel'schen Sinn Vermittelnde leistet bei Nietzsche nicht eine zeitliche Höherentwicklung, sondern ein dem geschichtlichen Verlauf Übergeordnetes, mit dem er sich sein ganzes Werk hindurch zugute hält, ein Unzeitgemäßer zu sein. Damit gewinnt er im Selbstversuch eine Distanz, aus der er die zeitgenössischen Bildungsgewohnheiten mit jenen Rumpelsteinen im Bauch des Wolfs vergleichen kann, die ihm die Geißenmutter statt der sechs verschluckten Geißlein hineinpraktiziert hatte. Trotz mancher Parallelen ist Nietzsches Historismuskritik und seine Forderung nach der Ausrichtung des Geschichtsbewusstseins am *Nutzen und Nachteil für das Leben* nicht, wie Bloch polemisch unterstellte und wie die Konservierung von Nietzsches Sterbehaus in Weimar glauben macht, am Jugendstil orientiert.

Wird das wissenschaftskritische Streben Nietzsches als Frage nach Wahrheit interpretiert und zwar so, wie sie sich nach der Forderung der Übereinstimmung von Denken und Wirklichkeit her stellt, zeigt sich, dass er – weit davon entfernt, die beiden Aspekte zur Deckung bringen zu wollen – Denken und Wirklichkeit auseinander driften lässt. Diese Drift bildet gewissermaßen den Standort, an dem er seine geschichtsphilosophischen Erwägungen ausbreitet. Adorno und Nietzsche ähneln sich im Bewustsein dieser Schere und von dieser Position aus verkünden beider Programme Dissens statt Harmonie. Findet bei Nietzsche die geladene Denkatmosphäre immer wieder im Bild von Macht und Gewalttätigkeit ihren physiologischen Ausdruck in der Textur, vor allem in letzten Schaffensperiode, in der er den Leser, zwischen den differenziertesten und glänzendsten Passagen, offenbar bewusst schockieren und abschrecken will, lässt sich Adorno zu Ausbrüchen kaum hinreißen. Oft ist seine Kritik nicht so sehr abwertend als vielmehr konstruktives Prinzip, das einem geradezu unwillkürlichen Prozess des Weiterdenkens gleicht, indem jede Art von Spannung und Widerspruch ins Verhältnis zum Noch-Nicht einer Utopie gestellt werden. Und hängt Nietzsches heroisch geprägte Auffassung von Geschichte und sein Begriff von Wahrheit, den er demgemäß an dessen höchstem Punkt geradezu übertrieben episch konzipiert, engstens an seiner philologischen Herkunft, so vertritt er damit nicht den aufklärerischen Gedanken einer kontinuierlichen Fortentwicklung der Menschheit, sondern wird in seinen Betrachtungen zum Springer über Jahrtausende. Geschichte und Fortschritt sind für ihn deshalb auch nicht logisch-kausal fassbar, sie werden als Bewegungen verstanden, die in riesigen Zeiträumen stattfinden und sich daher auch nicht in jenem dialektischen Nacheinander erschöpfen, dessen Medium der Glaube an einen als selbstverständlich angenommenen Fortschritt der Menschheit bildet. Wenn sie stattdessen Relationen eingehen, so nicht beliebige im Umgang mit Naheliegendem, sondern bewusst hergestellte, die mit Sinnbezügen die Hoffnung auf die Möglichkeit eines Fortsprungs der Menschheit nähren.[97] In der Tragödienschrift besteht Nietzsches hochgespannte Hoffnung, inspiriert durch die emphatische Freundschaft mit Richard Wagner, in einer Renaissance der Tragödie aus dem Geiste dem Musik.

Gerade dort, wo Adorno den Begriff von Hegels Dialektik modifiziert, kommt er mit seinen geschichtsphilosophischen Modellen und Konstellationen Nietzsches frühem Geschichtsverständnis sehr nahe. In jenem Modellcharakter, den Adorno den Sequenzen im dritten Teil seiner *Negativen Dialektik* selbst zuschreibt, sperrt sich dies Unaufgelöste und Offene seiner Schriften gegen die Unwahrheit solcher versöhnlicher Synthesen, deren Wahrheiten von vornherein fest stehen. Wenn Nietzsche im Spätwerk mit seiner Insistenz auf der Idee der ewigen Wiederkunft wie mit einem pathetischen Rätsel seinen Begriff von Geschichte abschließt, vermittelt er dies Ende subjektiv durch die Freiheit, mit der er sich bis dahin zwischen den geschichtlichen Überlieferungen bewegt. Und doch widerspricht das vieldeutige Pathos dieser Geste in seiner Rätselhaftigkeit dem Gedanken vom Ende der Geschichte, wie ihn Vattimo[98] im Zusammenhang mit seiner ewigen Wiederkunft gedacht hat. Und dass Nietzsches Antithetik nichts löst, vielmehr wie ein Generator von Spannung und Widerspruch funktioniert, zeigt sich an der *Geburt der Tragödie aus dem Geiste der Musik*: Weder das apollinische noch das dionysische Prinzip werden auf einer höheren Stufe aufgehoben.

»Und siehe! Apollo konnte nicht ohne Dionysus leben! Das ›Titanische‹ und das ›Barbarische‹ war zuletzt eine eben solche Nothwendigkeit wie das Apollinische!«[99]

---

[97] vgl. Nietzsche, KSA, Bd. 2, Menschliches, Allzumenschliches I, S. 45
[98] vgl. Gianni Vattimo, Das Ende der Moderne, Stuttgart, 1990, S. 9
[99] Nietzsche, KSA, Bd. 1, Die Geburt der Tragödie, S. 40

Problematisch ist in der *Geburt der Tragödie* das formaldialektische Moment der Vermittlung, weil es von einer Ästhetik ersetzt wird, die nicht die methodische Funktion der Vermittlung wie bei Hegel oder Marx erfüllt, sondern subjektiv und ahistorisch gegenüber der Logik ihre Autonomie behauptet. An die Stelle von Versöhnung tritt die gesteigerte Rivalität. Setzt Nietzsche später diesen perspektivischen Abstand zum logischen Verfahren bewusst, verbindet er mit dieser subjektiven Art der Vermittlung Philologie und Philosophie. Seine noch von Wagner gestützte Subjektivität stiftet bereits in der *Geburt der Tragödie* die Einheit eines Denkens, das darum bemüht ist, seine mythologischen Anfänge zu bewahren. Im späteren Stadium seines Schaffens, in dem ihm der *Glaube an die Kunst* verloren ist, wird Vermittlung durch Schmerz hergestellt und sein Denken mehr und mehr vom Schmerz und Widerspruch seiner eigenen Person zusammengehalten.

Versucht man Nietzsche zu verstehen, darf Ästhetik nicht nur auf die wissenschaftliche Disziplin reduziert werden, eher muss sein Standort selbst künstlerisch aufgefasst werden. Er hält in jeder Phase seine Verbindung zur ästhetischen Praxis, das heißt auch zu einer künstlerischen Freiheit im Denken, offen. Dies bedeutet, dass Nietzsche nicht rein philosophisch rezipierbar ist und sich immer im Grenzbereich zur Wissenschaft bewegt, und dies schließt auch die Fragwürdigkeit seines Werkes von wissenschaftlicher Seite aus ein. Adorno schätzt an Nietzsche gerade solche Freiheiten des Geistes, die ihm der Wahrheit näher scheinen als jene wissenschaftliche Strenge, die sich eine naturwissenschaftliche Methodik zum Vorbild nimmt. Gegen die Blöße, die sich Nietzsche mit der Angreifbarkeit seiner Ausführungen, vom wissenschaftlichen Standpunkt aus, selbst gibt, setzt er von vornherein seinen aggressiven, Macht behauptenden Duktus, in dem sich der Ausdruck von Macht und Ohnmacht decken.

Der Aufbau im Anfangsteil der *Geburt der Tragödie* sieht folgendermaßen aus: Zuerst stellt Nietzsche die beiden einander widerstreitenden Aspekte der Kunst vor, danach zeigt er die Beziehung der beiden Prinzipien von der dionysischen Seite und als Nächstes erfolgt dieselbe Prozedur von der apollinischen Seite aus. Nietzsche demonstriert, wie die beiden Kunstaspekte wechselseitig ineinander vermittelt sind, ohne sich gegenseitig aufzulösen. Er stellt eine Flucht gesteigerter, einander überbietender Aspekte her, die nur noch durch ihre jeweilige Opposition der drohenden

Vernichtung oder Erstarrung entgehen. Ihre Synthese stellt die visionäre Versenkung dar, die die Möglichkeit des ruhigen Sitzens im schwankenden Kahne[100] bietet, aber, wie beim schlafwandlerischen Tun, kein Erwachen gestattet. Nietzsches Verfahren läuft parallel zu Adornos Formulierungen über den Vorrang des Objekts in der *Negativen Dialektik*, als die fortschreitende qualitative Unterscheidung von in sich Vermitteltem.[101] Treibt Nietzsche seine Vermittlungen innerhalb des subjektiven Bereichs voran, so orientiert Adorno dagegen seine Erkenntnis am Verhältnis zum Objekt. Adorno behauptet sich mit dem – wenn auch vom Subjekt gedachten – Primat des Objekts zwischen dem idealistischen Anspruch des Absoluten und Nietzsches fortreißender Existenzdynamik. In einem weiteren Schritt setzt Nietzsche seine antithetischen Betrachtungen ins Verhältnis zum gängigen Begriff der Naivität:

»Hier muß nun ausgesprochen werden, daß diese von den neueren Menschen so sehnsüchtig angeschaute Harmonie, ja Einheit des Menschen mit der Natur, für die Schiller das Kunstwort ›naiv‹ in Geltung gebracht hat, keinesfalls ein so einfacher, sich von selbst ergebender, gleichsam unvermeidlicher Zustand ist, dem wir an der Pforte jeder Kultur, als einem Paradies der Menschheit begegnen müßten: dies konnte nur eine Zeit glauben, die den Emil Rousseaus sich auch als Künstler zu denken suchte und in Homer einen solchen am Herzen der Natur erzogenen Künstler Emil gefunden zu haben wähnte. Wo uns das ›Naive‹ in der Kunst begegnet, haben wir die höchste Wirkung der apollinischen Kultur zu erkennen: welche immer erst ein Titanenreich zu stürzen und Ungetüme zu töten hat und durch kräftige Wahnvorspiegelungen und lustvolle Illusionen über eine schreckliche Tiefe der Weltbetrachtung und reizbarste Leidensfähigkeit Sieger geworden sein muß.«[102]

In einem dialektischen Schema würde der Begriff der Naivität die Stelle von Unmittelbarkeit einnehmen; ganz wie nach ihm Adorno differenziert und vermittelt Nietzsche den Begriff der Naivität in

---

[100] vgl. a.a.O., S. 40
[101] vgl. Adorno, GS, Bd. 6, Negative Dialektik, S. 185
[102] Nietzsche, KSA, Bd. 1, Geburt der Tragödie, S. 37

sich. Es zeigt sich, dass Nietzsche in dialektischen Mustern denkt, die nicht mit den Gegenständen der Erkenntnis, sondern ausschließlich spekulativ vermittelt sind.

> »Die homerische ›Naivität‹ ist nur als der vollkommene Sieg der apollinischen Illusion zu begreifen: es ist dies eine solche Illusion, wie sie die Natur, zur Erreichung ihrer Absichten so häufig verwendet.«[103]

Parallel zum späten Kant der Friedensschrift, in der er mit seiner Annahme einer Naturabsicht als natürlicher Teleologie dem Schein eine universelle Bedeutung beimisst, erschließt Nietzsche dies für den Bereich der Ästhetik und in der Folge für das menschliche Leben überhaupt. Auch Adorno rechnet die Thematik des Scheins und der Illusion in der Philosophie nicht bloß dem Unwahren zu, sondern er bearbeitet es als ein Problem der Vermittlung und der Vielschichtigkeit des Gegebenen. In diesem Sinn sagt er: *Nicht daß Objektivität ein Unmittelbares, daß Kritik am naiven Realismus zu vergessen wäre.*[104] Zur Kritikwürdigkeit der naiven Annahme des Scheines als Realität kommt für ihn im Schein bisweilen auch die Konnotation des Verheißungsvollen. Sein Verhältnis zu Illusion und Schein ist wie bei Nietzsche vielschichtig und konstruktiv. Im Verlauf der *Geburt der Tragödie* spricht Nietzsche, nachdem er die Traumanalogie vertieft hat, über das zwischen Subjekt und Objekt bestehende Verhältnis in der Kunst am Beispiel von Homer und Archilochos, die er die Urväter und Fackelträger der griechischen Dichtung nennt:

> »... der ganze Gegensatz, nach dem wie nach einem Werthmesser auch noch Schopenhauer die Künste eintheilt, der des Subjectiven und des Objectiven, (ist) überhaupt in der Aesthetik ungehörig ..., da das Subject, das wollende und seine egoistischen Zwecke fördernde Individuum nur als Gegner, nicht als Ursprung der Kunst gedacht werden kann. Insofern aber das Subject Künstler ist, ist es bereits von seinem individuellen Willen erlöst und gleichsam Medium geworden, durch das

[103] a.a.O., S. 37
[104] Adorno, GS, Bd. 6, Negative Dialektik, S. 185

hindurch das eine wahrhaft seiende Subject seine Erlösung im Scheine feiert.«[105]

Adornos methodische Überlegungen in der *Negativen Dialektik* kreisen exakt um dieselben Begriffe wie Nietzsches kunsttheologische Erwägungen. Indem Adorno die Bestimmung des Subjekts vom Objekt aus vornimmt und mit dem Untergang des Subjekts im Objekt die gelungene künstlerische Produktion kennzeichnet, intendiert er aber nicht Erlösung vom individuellen Willen wie Nietzsche in dieser Phase seines Denkens, sondern Objektivität. Die Annahme einer Analogie von Kunst und Philosophie im Denken zieht eine gravierende Veränderung des Subjekt–Objekt-Verhältnisses nach sich. Um das Maß von Nietzsches Abwendung von den logischen Erkenntnisformen zu verdeutlichen, sei hier die Traumanalogie aus der *Geburt der Tragödie* angeführt. Diese Gleichsetzung höchster Bewusstseinsformen mit dem Traum erreicht Nietzsche nur mit einer unmittelbar aus der Kunst entlehnten Freiheit der Ausführung und jener ins Visionäre gesteigerten Dichotomie, die dem Wachzustand des Bewusstseins statt des Schlafs den Traum gegenüberstellt:

> »So gewiß von den beiden Hälften des Lebens, der wachen und der träumenden Hälfte, uns die erstere als die ungleich bevorzugtere, wichtigere, würdigere, lebenswertere, ja allein gelebte dünkt: so möchte ich doch, bei allem Anscheine einer Paradoxie, für jenen geheimnisvollen Grund unseres Wesens, dessen Erscheinung wir sind, gerade die entgegengesetzte Werthschätzung des Traumes behaupten.«[106]

Diese Textstelle deutet die Verknüpfung von Schein, Kunst und Dasein an, die neben seiner Nähe zu den Vorsokratikern eine der Extrempositionen von Nietzsches Gedankenwelt bezeichnet. Dass Nietzsche nicht an den Alptraum oder an den wirren oder den völlig unverständlichen Traum denkt, ist anzunehmen, seine Vorstellung von Traum ist ausschließlich in einem visionären Sinn zu verstehen. Auch wenn sich Nietzsche, mit seiner übermäßigen Wertschätzung des Traumes, in diesem Stadium seines Denkens

---

[105] Nietzsche, KSA, Bd. 1, Geburt der Tragödie, S. 47
[106] a.a.O., S. 38 f.

erst negierend auf Wissenschaft bezieht, ist doch die Größe der Entfernung zur Ratio, aus der er, nach seiner Lösung von Wagner, zur Philosophie kommt, daran abschätzbar. Über eben diese Möglichkeit der Distanznahme verfügt er in seinem Denken als Spielraum, in dem ihm seine persönliche Geschichte zitierbar ist und eine Form der Präsenz bietet, deren Auswirkung auf das Selbstbewusstsein beträchtlich ist.

Nietzsche zieht seine Parallelen zwischen Traum, Kunstwerk und Wahrheit, wenn er dem Menschen einen grundlegenden Willen zur Illusion zuschreibt. Nach seinen eigenen Worten wird die gesamte Wirklichkeit zur in jedem Moment erzeugten Vorstellung des Ur-Einen. Das Streben nach Wahrheit wird durch eine Urbegierde nach dem Schein ersetzt und im Traum, den er als den Schein des Scheins bezeichnet, erfährt sie ihre Steigerung.[107] Mit dem Mittel der Verdopplung erreicht Nietzsche hier eine Dialektik des Scheins. Und indem er Raffaels Transfiguration interpretiert, erprobt er seine Kunstreligion zusätzlich an der christlichen Heilsgeschichte:

>»In seiner *Transfiguration* zeigt uns die untere Hälfte, mit dem besessenen Knaben, den verzweifelnden Trägern, den rathlos geängstigten Jüngern, die Wiederspiegelung des ewigen Urschmerzes, des einzigen Grundes der Welt: der ›Schein‹ ist hier Widerschein des ewigen Widerspruchs, des Vaters der Dinge. Aus diesem Schein steigt nun, wie ein ambrosischer Duft, eine visionsgleiche neue Scheinwelt empor, von der jene im ersten Schein Befangenen nicht sehen – ein leuchtendes Schweben in reinster Wonne und schmerzlosem, aus weiten Augen strahlenden Anschauen.«[108]

Wenn er den Widerspruch als aller Dinge Vater bezeichnet, rückt er sein dialektisches Geschick nahe genug an Heraklit heran, dem Widerspruch nicht als Aufzulösendes und der Klärung Bedürftiges gilt, sondern wie für Nietzsche als movens des Schöpferischen und der Erkenntnis. Wenn Adorno sagt, nur am Widerspruch des Seienden zu dem, was zu sein es behauptet, lasse Wesen sich erkennen,[109] so arbeitet er nicht auf eine Verstärkung des Scheins hin, er wertet ihn

---

[107] vgl. a.a.O., S. 39
[108] a.a.O., S. 39
[109] vgl. Adorno, GS, Bd. 6, Negative Dialektik, S. 169

stattdessen als unverzichtbares Moment von Erkenntnis. In diesem Zusammenhang ist ein Gespräch mit dem Titel *Über Nietzsche und uns* von Theodor W. Adorno, Max Horkheimer und Hans-Georg Gadamer dokumentiert, das 1950 anlässlich Nietzsches fünfzigstem Todestag in einer Hörfunk-Sendung des Hessischen Rundfunks übertragen wurde.[110] Darin bezeichnet Horkheimer einen Mangel an Dialektik als Nietzsches Schwäche. Adorno geht auf diesen Vorwurf ein und spezifiziert ihn dahingehend, dass Nietzsche jenes von Adorno für sein Konzept von Dialektik als wesentlich erachtete Mittel der bestimmten Negation abgehe:

> »Das was Sie ihm vorwerfen, Herr Horkheimer, läuft ja, in der Sprache unserer hegelianischen Philosophie gesagt, darauf hinaus, daß es ihm an dem Begriff der bestimmten Negation gefehlt hat, also daran, daß, wenn man einem als negativ Erkannten ein Anderes entgegengesetzt, in diesem Anderen das Negierte in einer neuen Form mitenthalten sein muß. Bei Nietzsche aber handelt es sich wirklich um den Versuch, aus Verzweiflung über das einmal als schlecht Erkannte eine neue Ordnung, neue Werte, wie er immer es nannte, aus dem Nichts gleichsam zu beschwören und entgegenzuhalten. Man kann sagen, daß es ein Denken ist, das unabläßlich Luftwurzeln treibt. Und wenn an der Bemerkung, daß Nietzsche seinem Gehalt nach mit dem zeitgenössischen Jugendstil zusammenhängt, etwas daran ist, dann zeigt es sich gerade an dieser Stelle. Er war wirklich der Baumeister Solness der Philosophie, der einen Turm aus dem eigenen Bauwillen heraus ins Leere baute, ohne daß dieser Turm auf einem Fundament in der Gesellschaft selber beruht hätte. Denn das heißt ja, daß es keine bestimmte Negation gibt, daß dieses Denken in seiner Kritik der bürgerlichen Welt nicht selber die Gewalt einer realen historischen Tendenz in sich verkörpert. Nun ist das sowohl seine Stärke wie seine Schwäche. Seine Stärke darum, weil es ihn davor bewahrt hat, dem Bestehenden – bewusst jedenfalls – die leisesten Konzessionen zu machen, obwohl hinter seinem Rücken die Tendenzen des Bestehenden dann nur um so stärker auch in seiner Philosophie sich durchgesetzt

---

[110] in: Max Horkheimer, Gesammelte Schriften, Band 13: Nachgelassene Schriften, 1949–1972, S. 111–120

haben. Seine Schwäche ist es deshalb, weil es seinem Denken jenes selbe Moment der Hilflosigkeit einbeschreibt, das wir am Jugendstil bemerken, wenn er aus Verzweiflung über den Verlust der Schönheit in der hochindustriellen Gesellschaft sich ein ornamentales Prinzip der Schönheit ersinnt, das nicht aus einer sinnhaltigen Formsprache selber hervorgewachsen ist. Und etwas dieser Schwäche, von dieser Hilflosigkeit eignet dem Nietzsche, der da kommt, um neue Tafeln aufzurichten, und doch von sich sagen muß: ›Nur Narr! Nur Dichter!«[III]

Der Vorwurf des Unhistorischen, der in diesem Gesprächsausschnitt im Kern an Nietzsche ergeht und den Adorno differenziert, zeigt, wie sehr die dialektische Methode von Adorno gegenüber Horkheimer geschichtlich verstanden ist. Hier wird davon ausgegangen, sie sei als ein geschichtlicher Anspruch erhoben, in Wirklichkeit aber betrifft sie jede der Entwicklungsformen, deren Medium der Gedanke ist. Ihr Prinzip ist Bewegung. Sprung, Flug und Tasten und Taumeln sind nun ebenso Bewegungsformen wie das philosophische Andante, das Schritt für Schritt vor sich geht, aber durchaus beflügelt sein kann. Rekonstruiert Adorno im Gespräch mit Gadamer und Horkheimer die geschichtliche Stellung, in der Nietzsche sich befand, so wird darin doch der Widerspruch bemerkbar zwischen der von Bloch stammenden Zuordnung Nietzsches zum zeitgenössischen Jugendstil und dem simultanen Vorwurf der Ahistorizität. Eigentlich setzt Blochs Vorwurf am Selbstverständnis des Jugendstils an, weil dessen Schönheitsideal sich angeblich selbst genügend, isoliert von der gesellschaftlichen Veränderung, verwirklicht. Dass er damit einer radikalen Fehleinschätzung des Jugendstils unterlag, der aus der Kritik an den Staubschichten des Historismus hervorgegangen und wirklich zu seiner Zeit in gewisser Weise revolutionär war und der ja über das Bauhaus zu den realsozialistischen Plattenbauten bis ins moderne Industriedesign für die Massen reichte, sei doch angemerkt.

Die Weigerung Nietzsches, sich selbst ausschließlich vermittelt im historischen Prozess zu begreifen und für sich ein überhistorisches, das heißt mit der Ewigkeit korrespondierendes Erkenntnispotenzial geltend zu machen, erkennt Adorno als

[III] a.a.O., S. 116 f.

Vorzug an, sofern er dadurch einen Autonomiegewinn gegenüber den zeitgenössischen Zuständen erzielt. Damit würdigt er Nietzsches kritische Distanz zur geschichtlichen Dynamik. Dennoch erkennt er dessen Autonomie als in ihren unbewussten gesellschaftlichen Zusammenhang verwickelt. Erst derjenigen Kritik, die geschichtlich reflektiert und fundiert ist, traut Adorno zu, die nicht ohne weiteres rationalisierbaren historischen Tendenzen zu durchschauen; somit erteilt er, trotz aller Anerkennung von Nietzsches kritischem Potenzial gegenüber dem status quo, den Primat der Geschichte.

Adorno versucht in dem obigen Gesprächsausschnitt mehr als eine Standortbestimmung Nietzsches. Er beginnt, vor allem gegenüber Bloch, der als Marxist aus Nietzsche am liebsten eine persona non grata der Gelehrtenrepublik machen wollte – was umso verständlicher ist, wenn man sich die zeitgenössische Veröffentlichungslage vor Augen hält, die damals noch gänzlich unter der Deformation der faschistisch orientierten Schwester stand – indirekt eine Apologie Nietzsches, indem er dessen Herrenmoral als eine, ihrer selbst unklare, gesellschaftliche Tendenz abmildert. Nietzsche jedoch, für jeden Integrationsversuch zu stachlig, hätte gewiss, auch mit dem geschichtlichen Rüstzeug Adornos, für Bloch keinen vorbildlichen historischen Materialisten abgegeben. Abgründig tief sind beide Positionen getrennt, verkörpern sie doch den Bruch zwischen Individuum und Gesellschaft. Und für die Bloch'sche Zuordnung zum Jugendstil war Nietzsche eindeutig der Dingwelt, mit der dieser doch intensivst korrespondierte, viel zu entrückt. Aber hinter alldem steht der an dieser Stelle nicht offen ausgesprochene Faschismusvorwurf an Nietzsche. Zwar wahrte Heidegger in Deutschland ein Kontinuum in der Nietzscherezeption, aber alle, denen dies Kontinuum die Sprache verschlug, haben es in Westdeutschland vorwiegend vorgezogen, Nietzsche leise zu lesen. Erst über Frankreich und Italien, vor allem aber durch die Arbeit von Colli und Montinari ist hier wieder eine Nietzschedebatte in Gang gekommen. Abgesehen aber von der deutschen Wunde bleibt Nietzsche, dieses enfant horrible des Denkens mit seinen Rundumschlägen gegen Frauen, Freunde, Priester, Denker und sich selbst, per se der Stein des Anstoßes. Und in diesen Anstößen wird die Idee des Scheins, die Nietzsche entfaltet hat, dialektisch.

3   Geschichte und Hierarchie

Auf den ersten Blick scheinen Nietzsches und Adornos Auffassungen von Geschichte gänzlich unvermittelbar, hier Nietzsche mit der Entfaltung seiner Idee des Unzeitgemäßen und dort Adorno, der sich Rimbauds Forderung nach absoluter Aktualität zu Eigen macht; – und doch kann beim genaueren Hinsehen Nietzsches Präsenz in Adornos Geschichtskonzeption kaum geleugnet werden. So lautet Adornos erster Satz aus der *Negativen Dialektik*: *Philosophie, die einmal überholt schien, erhält sich am Leben weil der Augenblick ihrer Verwirklichung versäumt ward.* Er grenzt unmittelbar an Theologie. Unwillkürlich stellt Adorno Philosophie in den Horizont der Idee der Erlösung, indem er den Anschein erweckt, es hätte einmal eine Zeit gegeben, in der Philosophie den Verlauf der Geschichte begleiten und zurechtrücken hätte können und zwar allein Kraft voller Erkenntnis. Hier wird deutlich, dass vor einem derartigen Anspruch der Umschlag in Resignation vor Adornos Texten allzu nahe liegt und dass seine These, die Erbschaft der Philosophie bestehe in aller unerfüllten Erwartung der Menschen, dazu verleiten kann, ihn leichtfertig abzutun. Und doch bildet diese extreme Herausforderung seinen Horizont und konvergiert zugleich mit dem späten Nietzsche, der im *Zarathustra* von *der Erlösung auch alles Vergangenen* spricht.

Indem Nietzsche in den *Unzeitgemäßen Betrachtungen* sein Verständnis von Geschichte ausbreitet, versammelt er bereits den motivischen Reichtum, an dem er im Spätwerk anknüpft und auch dort immer noch weiter entfaltet. Die Geschichte der Menschheit und vor allem ihr Verhältnis zur Antike, die für ihn als Philologen den Maßstab für alles Folgende vorgibt, bildet dabei sein zentrales Anliegen. Von den vier voneinander relativ unabhängigen Teilen: *I David Strauss der Bekenner und der Schriftsteller*; *II Vom Nutzen und Nachtheil der Historie für das Leben*; *III Schopenhauer als Erzieher* und schließlich *IV Richard Wagner in Bayreuth* ist der zweite Teil, der vom *Nutzen und Nachteil der Historie für das Leben* handelt, nicht nur für uns, sondern auch wirkungsgeschichtlich, vor allem aber bezogen auf Adornos Werk bei weitem der interessanteste. Zieht man die Komplexität von Nietzsches früher Geschichtsauffassung in Betracht, relativiert sich die Willkür, mit der er im Spätwerk agiert, substanziell, sie wird dann erkennbar als die Verfügung über ein längst Erworbenes.

Nietzsche legt im zweiten Teil der *Unzeitgemäßen Betrachtungen* sein Urteil über die wissenschaftliche Geschichtsschreibung unter der Prämisse höchstmöglicher Lebensfülle eines sozialen Gefüges dar und verwirft diejenigen Formen des geschichtlichen Bewusstseins, die auf Kosten der menschlichen Vitalität entfaltet werden. Um sein Ziel zu erreichen, nämlich den optimalen Nutzen des Geschichtsbewusstseins für ein streng hierarchisch verfasstes Gemeinwesen zu ermitteln, ordnet er als notwendige Kontur dem Erinnern das Vergessen zu. Die beiden Aspekte, das Historische und Unhistorische, ergänzen einander wie Licht und Schatten. Nietzsche geht aber über ein willentliches Vergessen, das ja auch eine Form des Vergebens sein kann, weit hinaus: Er fordert in gewissen Fällen eine Erfindung und Umschreibung der Geschichte. Es geht ihm also bei der Geschichtsschreibung um deren subjektive identitätsstiftende Qualität und nicht um objektive Wahrheit. Er treibt diese Forderung so weit, dass er Geschichtswissenschaft und Heldensage ernsthaft miteinander konfrontiert und zwar nicht als ein sachliches Erfordernis für solche Grenzfälle, bei denen Archäologen zur Auswahl ihrer Grabungsorte nichts anderes übrig bleibt, als sich auf mythologische Angaben zu berufen, weil gesicherte Fakten fehlen, sondern er erhebt diesen epischen Anspruch für die Geschichte zentral und provokativ ahistorisch. Dabei soll das Epos nicht das Objekt wissenschaftlicher Betrachtung abgeben, im Gegenteil, wissenschaftliche Geschichtsschreibung wird unter der Kategorie geschichtlicher Größe reflektiert.

Und gerade das Verhältnis von Mythos und Aufklärung variiert Adorno anknüpfend an Nietzsche in der *Dialektik der Aufklärung* als geschichtsphilosophisches Grundmotiv, wenn er gemeinsam mit Horkheimer die These aufstellt, die Menschheit habe sich bisher aus ihrem naturgeschichtlichen Stadium noch nicht befreien und in ein wahrhaft von der Ratio bestimmtes Zeitalter übertreten können. Walter Benjamin, der sich noch nahe an Nietzsche hält und der in dieser Thematik als Vermittler zwischen Nietzsche und Adorno verstanden werden kann, beschreibt in seinen von Adorno herausgegebenen Reflexionen *Über den Begriff der Geschichte*, in denen er wie Nietzsche Geschichte nicht als Selbstzweck, sondern im Dienste gegenwärtiger Interessen auffasst, dies epische Moment, von dem Geschichte vermutlich nie ganz frei ist, als die Einfühlung des Geschichtsschreibers in den Sieger.[112] Im Kontrast zu Nietzsche ist Benjamins Inte-

---

[112] Walter Benjamin, Illuminationen, Frankfurt a. M., 1977, S. 254

resse am Fortschritt aber bekanntlich nicht auf der Seite der Sieger angesiedelt, die an der Spitze einer Hierarchie stehen, sondern seiner messianischen Version des Marxismus verpflichtet. Benjamins Historismuskritik entwickelt Geschichte als den *Gegenstand einer Konstruktion, deren Ort nicht die homogene und leere Zeit sondern die von Jetztzeit erfüllte bildet*.[113] Wenn er gegen Nietzsches abgründigen Subjektivismus der individuellen Größe seinen revolutionären Wahrheitsanspruch für die Massen geltend macht, ist doch beiden die auch von Adorno geteilte Annahme eines Fortschritts im Sprung gemeinsam. Adorno, für den Wahrheit immer geschichtlich ist, geht ähnlich wie Benjamin von geschichtlichen Konstellationen aus, die zeigen, dass die Geschichte nicht nach mechanisch messbaren Einheiten verläuft. Geschichte wird in eine Bedeutungsperspektive im Hinblick auf ihre Veränderbarkeit – oder besser gesagt: ihre Kritikwürdigkeit – gebracht. Tunlichst vermeidet Adorno die Anführung interstellarer Konstellationen, im Kontrast zu Nietzsche, der an dem pythagoreischen Glauben anknüpft, nach dem immer wieder, wenn die Sterne eine gewisse Stellung zueinander haben, ein Stoiker sich mit einem Epikureer verbinden und Caesar ermorden und immer wieder bei einem anderen Stande Kolumbus Amerika entdecken werde.[114] Adorno, für dessen Verständnis von Erkenntnis der Begriff der Konstellation zentral ist[115] und der den Begriff der Konstellation wie Nietzsche geschichtlich entfaltet, teilt ihm noch eine erkenntnistheoretische und ästhetisch-kompositorische Konnotation mit. Er nimmt in gewisser Weise eine von den Begriffen gegebene Aufforderung an: die Dinge gleichsam teleologisch an ihren Namen zu messen und sie in dieser Differenz aufgehen zu lassen. Dabei sind die Begriffe der Dinge deren Ideen in ihrer Vollkommenheit. Auch wenn Nietzsche und Adorno gesellschaftstheoretisch gegensätzliche Interessen verfolgen, konvergieren sie grundsätzlich in der Ansicht, Fortschritt bestehe nicht als Zufall oder vorgegebene historische Norm, sondern als eine für den aktuellen Augenblick höchstmögliche Reflexionsform. Nietzsche spricht es im prophetischen Ton aus: *Nur aus der höchsten Kraft der Gegenwart dürft ihr das Vergangene deuten*[116]. Mit solcher Zuspitzung ringt er um

---

[113] a.a.O., S. 258
[114] Nietzsche, KSA, Bd. 1, Unzeitgemässe Betrachtungen, S. 261
[115] vgl. Adorno, GS, Bd. 6, Negative Dialektik, S. 164 ff.
[116] Nietzsche, KSA, Bd. 1, UB, S. 293 f.

einen Zeitbegriff in den extremen Kategorien von Augenblick und Ewigkeit. Wenn für Adorno kein Glück als im Leben des Ephemeren existiert, knüpft auch er an diese faustische Tradition an, die Nietzsche fortführt. Es gibt eine große Anzahl von Berührungs- und Schnittpunkten zwischen den drei Denkern in diesem Bereich; so konvergieren Benjamins Dialektik im Stillstand und Nietzsches Mittag innerlich, im Innehalten, das für einen Moment die Ordnung der Zeit außer Kraft setzt.

Nietzsches Umgang mit der geschichtlichen Wahrheit bedeutet, dass er eine neue Qualität, etwas neu Hinzukommendes, eine Bewegung von außen injiziert und einen seiner Ansicht nach fehlenden Sinn zum Lauf der Welt hinzu fügt. Seine Rechtfertigung für ein solches Verfahren formuliert er in dem Ausruf: *Und wie ertrüge ich es, Mensch zu sein ...!*[117] Wenn aber Zarathustra der Erlöser des Zufalls und alles Vergangenen ist, so um den zu hohen Preis der Bejahung alles Vergangenen.

Nietzsches Erwägungen dienen dazu, exakt das für das Leben zuträglichste Verhältnis von Erinnern und Vergessen abzuwägen. Hierfür prägt er den Begriff der *plastischen Kraft*, die er als die Fähigkeit bezeichnet,

> »... aus sich heraus eigenartig zu wachsen, Vergangenes und Fremdes umzubilden und einzuverleiben, Wunden auszuheilen, Verlorenes zu ersetzen, zerbrochene Formen aus sich nachzuformen.«[118]

Und gegen Nietzsches Begriff der *plastischen Kraft* spricht Adorno dem Fragmentarischen den Vorrang zu. Nimmt Nietzsche im Hinblick auf dieses Potenzial der Selbstentfaltung eine parallele Deutung von *Mensch, Volk und Cultur*[119] vor, antizipiert er damit, dass er diese drei Begriffe als Subjekte verwendet, bereits die Tendenz, den Begriff des Subjekts aufzugeben: Die Person wird durch das System ersetzt. Der Systembegriff, wie ihn beispielsweise Luhmann gebraucht, mit der vorrangigen Bedingung der Einheit des Systems, für die die Frage der Wahrheit ausdrücklich nebensächlich ist und der der Blick für den Zusammenhang des Ganzen,

---

[117] a.a.O., Bd. 4, Zarathustra II, S. 179
[118] a.a.O., Bd. 1, Unzeitgemässe Betrachtungen II, S. 215
[119] a.a.O., S. 251

sofern es dem System nicht zum Vorteil gereicht, völlig abhanden kommt, ist philosophisch inakzeptabel. Wahrheit hätte sich dann nur am Nutzen für's partikulare jeweilige System zu messen, das ein Individuum oder ein Volk sein kann und das für seinen eigenen Zuwachs an Fülle und Macht eine operative Schließung vornimmt, indem es den Begriff der Wahrheit ausklammert. Unverzichtbar, soll nicht der Anspruch an Wahrheit geopfert werden, sind daher für die Systemtheorie aus praktischer Sicht die Entfaltung der beiden Begriffe: Grenze und Respekt. Nietzsche verdeutlicht das Maß des plastischen Sinnes an den Extremen des dumpf-starken Typus und des überempfindlich-schwachen:

> »Es giebt Menschen die diese Kraft so wenig besitzen, daß sie an einem einzigen Erlebnis, an einem einzigen Schmerz, oft zumal an einem einzigen zarten Unrecht, wie an einem ganz kleinen blutigen Risse unheilbar verbluten; es giebt auf der anderen Seite solche, denen die wildesten und schauerlichsten Lebensunfälle und selbst Thaten der eigenen Bosheit so wenig anhaben, daß sie es mitten darin oder kurz darauf zu einem leidlichen Wohlbefinden und zu einer Art ruhigen Gewissens bringen. Je stärkere Wurzeln die innerste Natur eines Menschen hat, um so mehr wird er auch von der Vergangenheit sich aneignen oder anzwingen; und dächte man sich die mächtigste und ungeheuerste Natur, so wäre sie daran zu erkennen, daß es für sie gar keine Grenze des historischen Sinnes geben würde, an der er überwuchernd und schädlich zu wirken vermöchte; alles Vergangene, eigenes und fremdestes, würde sie an sich heran, in sich hineinziehen und gleichsam zu Blut umschaffen. Das was eine solche Natur nicht bezwingt, weiss sie zu vergessen; es ist nicht mehr da, der Horizont ist geschlossen und ganz, und nichts vermag daran zu erinnern, daß es noch jenseits desselben Menschen, Leidenschaften, Lehren, Zwecke giebt.«[120]

Nietzsche evoziert hier die Ansicht einer Persönlichkeit, deren Bewusstsein gewalttätig die ganze Welt auf sich selbst bezieht, und mit Recht ist er von Adorno immer wieder als derjenige beschrieben, der sich selbst zum Absoluten wird. Innere und äußere Welt werden gleichermaßen unter dem Gesichtspunkt ihrer Beherrschbarkeit und

[120] a.a.O., S. 251

Beschränkbarkeit beschrieben. Nietzsche zeigt eindrücklich die einheitsstiftende Fähigkeit als Fähigkeit der autopoesis eines Menschen, aber nicht im Zeichen von allgemeiner Freiheit – sie wird ihm zur militanten Okkupation des Vergangenen. In Anlehnung an ästhetische Formgebungen hat sie ihm zufolge die Geisteswissenschaft zu begrenzen und sich selbst zum Maßstab alles bisher Geschehenen zu setzen. Solches extreme Machtstreben kann nur innerhalb strenger Hierarchien oder um den Preis der Isolation, wie in Nietzsches persönlichem Fall, durchgesetzt werden. Und doch ist Nietzsches plastische Kraft auch als eine hohe epische Begabung im Dienste einer Selbstbehauptung denkbar, die, entlastet von Machtgier, emanzipatorischen Charakter annehmen kann.

In diesem Zusammenhang ist ein außergewöhnliche Versuch der Aneignung von Vergangenheit bemerkenswert, den Peter Balakian in seinem autobiografischen Geschichts-Buch *Die Hunde vom Ararat*[121] unternimmt. Die Geschichten, die seine armenische Großmutter ihm, dem Lieblingsenkel, im amerikanischen Exil erzählt, enthalten, so wie auch die Zubereitung bestimmter Gerichte, in verschlüsselter Form die Geschichte seiner Familie und seiner Herkunft. Und zwar enthalten die Mitteilungen seiner Großmutter die Gräuel der von den Türken verübten und bis heute geleugneten Massakern an den Armeniern ebenso wie das Verheißungsvolle dieser Kultur und die Geschichten bilden die Rätsel, die Balakian zur Lösung aufgetragen sind.

Wenn Nietzsche den Erkenntniswert von Geschichte nach demselben Muster wie seinen Begriff der Wahrheit behandelt, so ist sie wie Erinnerung nicht als Absolutes oder als Selbstzweck zu verstehen, sondern erfährt ihre begrenzende Ausrichtung am erkennenden Subjekt. Der Satz: Wie viel Wahrheit verträgt ein Mensch?, verläuft exakt parallel zur Frage: Wie viel Tragik kann der Erinnernde in seinem besonderen Fall verarbeiten? Geschichte ist, wie Wahrheit, nicht Selbstzweck, sondern, individuell verstanden, Mittel derjenigen Lebensweisheit, nach der das Individuum das Maß aller Dinge ist. Unter seinen Zeitgenossen steht Nietzsche mit seiner Forderung nach der Notwendigkeit des Vergessens nicht allein. Entwickelt Ernest Renan den Begriff der Nation in seiner am 11. März 1882 an der Sorbonne gehaltenen Rede *Was ist eine Nation?*, setzt

---

[121] Wien, 2000; die amerikanische Orginalausgabe heißt: Black Dog of Fate. A Memoir, New York, 1997

er das integrative Potenzial der nationalen Einheit der ethnographischen Einteilung gegenüber und beschreibt das Vergessenkönnen anschaulich als die Voraussetzung für die Bildung von Nationen.

»Das Vergessen – ich möchte fast sagen: der historische Irrtum – spielt bei der Erschaffung einer Nation eine wesentliche Rolle, und daher ist der Fortschritt der historischen Erkenntnis oft für die Nation eine Gefahr. Die historische Forschung bringt in der Tat die gewaltsamen Vorgänge ans Licht, die sich am Ursprung aller politischen Institutionen, selbst jener mit den wohltätigsten Folgen, ereignet haben.«[122]

Wo nicht das Verzeihen alternativ an die oben beschriebene Notwendigkeit des Vergessens heranreicht, so wäre dem die Möglichkeit des Versuchs einer Aufklärung der gemeinsamen Vergangenheit entgegenzuhalten. Solche Aufforderung gilt insbesondere für Zeiten politischer und wirtschaftlicher Stabilität; weil das Verdrängen des Geschehenen nie so vollständig ist, dass es nicht zur Unzeit der geistigen Brandstiftung dienen kann. Zudem sei an dieser Stelle an Kants nach wie vor aktuellen Imperativ aus der Schrift *Zum ewigen Frieden* erinnert, nach dem im Kriegsfall nur diejenigen Mittel legitim sein sollen, die die Möglichkeit einer künftigen Versöhnung nicht grundsätzlich vernichteten.

Da Nietzsche glaubt, mit seinen Ausführungen zur Geschichte der Wahrheit näher zu kommen als mit der Annahme der Möglichkeit einer aus wissenschaftlicher Sicht objektiven Geschichtsschreibung, traut er den Historikern nicht zu, sich von engen persönlichen Rücksichten zu befreien. Gerade vor solchem Pessimismus fällt das Denken hinter seinen eigenen Anspruch zurück, wenn es von da aus nicht kritische Maßstäbe entwickelt, die seine Partikularität reflektieren wie im philosophischen Diskurs oder im Gespräch zwischen den Disziplinen oder Systemen.

Nietzsche unterscheidet drei historische Betrachtungsarten, denen er jeweils drei unterschiedliche Charaktere zuordnet, die wiederum einer dreifach gegliederten hierarchischen Ordnung entsprechen. Und zwar sind dies das monumentalische, das antiquarische

---

[122] Ernest Renan, Was ist eine Nation? Rede am 11. März 1882 an der Sorbonne, mit einem Nachwort von Walter Euchner, (EVA-Reden, Bd. 20), Hamburg, 1996, S. 14

und das kritische Verhältnis zur Geschichte. Unter der ersten, der monumentalischen Herangehensweise, wird laut Nietzsche die Beschäftigung mit dem Klassischen und Seltenen gefasst. Er ordnet dieser Geschichtsauffassung, die sich vorwiegend mit dem Stoff, aus dem die Tragödien bestehen, beschäftigt, das Pathos der Größe zu. Nietzsche malt sich diese Art der Geschichtsschreibung als offen gewalttätig und gesetzgebend aus, gerade so, als ob der vermeintliche Schein des Unmöglichen zertrümmert und die antike Ordnung wiederhergestellt werden sollte. Walter Benjamin, der den Begriff des Trauerspiels streckenweise kontrastierend zu Nietzsches Tragödienschrift gewinnt, bietet einen aufschlussreichen Vergleich der Theaterbühne mit dem Schauplatz des griechischen Theaters:

> »Und im ganzen europäischen Trauerspiel ist denn auch die Bühne nicht streng fixierbar, eigentlicher Ort, sondern dialektisch zerrissen auch sie. Gebunden an den Hofstaat bleibt sie Wanderbühne; uneigentlich vertreten ihre Bretter die Erde als erschaffnen Schauplatz der Geschichte; sie zieht mit ihrem Hof von Stadt zu Stadt. Der griechischen Anschauung aber gilt die Bühne als kosmischer Topos.«[123]

Steht hinter Nietzsches Anstrengungen der Wille, einer universalen Idee von Einheit zum Ausdruck zu verhelfen, so trifft Walter Benjamins Topos des Kosmischen diese Intention im Innersten. Im Hinblick auf die Vollkommenheit greift Nietzsche mit einem Gedankenexperiment auf diejenige antike Anschauung zurück, nach der die Geschichte eine Theateraufführung für die Götter sei:

> »Im Grunde ja könnte das, was einmal möglich war, sich nur dann zum zweiten Male als möglich einstellen, wenn die Pythagoreer Recht hätten zu glauben, dass bei gleicher Constellation der himmlischen Körper auch auf Erden das Gleiche, und zwar bis auf's Einzelne und Kleine sich wiederholen müsse ... Nur wenn die Erde ihr Theaterstück jedes Mal nach dem fünften Akt von Neuem anfienge, wenn es feststünde, dass dieselbe Verknotung von Motiven, derselbe deus ex machina, dieselbe Katastrophe in bestimmten Zwischenräumen wiederkehrten, dürfte der Mächtige die monumentale Historie in voller ikonischer

---

[123] Ursprung des deutschen Trauerspiels, 1972, Frankfurt a. M., S. 125

W a h r h a f t i g k e i t, das heisst jedes Factum in seiner genau gebildeten Eigenthümlichkeit und Einzigkeit begehren ...«[124]

Das Motiv der ewigen Wiederkehr taucht hier, in Anlehnung an die pythagoreischen Legendenbildungen, früh in Nietzsches Denken als Hypothese auf und zu diesem Zeitpunkt wird es noch unter dem Hinweis auf den Zufall von Nietzsche verworfen.[125] Seine überragende Bedeutung erhält es erst im Spätwerk und unter andern Verhältnissen. Indem er die Idee der ewigen Wiederkehr in seinen *Unzeitgemässen Betrachtungen* zitiert und davon spricht, dass sie dem wissenden göttlichen Zuschauer absoluten Einblick in die Geschehnisse von weltgeschichtlichem Rang gewährt, umfasst sie den Augenblick wie die Ewigkeit. Fraglich bleibt, was dies bedeutete, ob man auf der Seite des Zuschauers stehen oder wie beim Gebrauch bestimmter bewusstseinserweiternder Drogen und Praktiken eine Verdopplung des Bewusstseins erleben und zugleich Akteur und Zuschauer sein sollte. Unwichtig bei solchen Erwägungen, ob das Glück der Protagonisten gespielt oder empfunden ist, ob es sich um echtes Blut oder Theaterblut handelt. Für Walter Benjamin,

> »... ist die griechische Trilogie nicht wiederholbare Ostentation, sondern einmalige Wiederaufnahme des tragischen Prozesses in höherer Instanz. Es ist, wie schon das offene Theater und die auf gleiche Weise niemals repetierte Darstellung es nahe legt, ein entscheidender Vollzug im Kosmos, was in ihr sich abspielt. ... Während der Zuschauer der Tragödie eben durch diese erfordert und gerechtfertigt wird, ist das Trauerspiel vom Beschauer aus zu verstehen.«[126]

Erst das Fehlen eines jeden Zweifels an der Unfreiheit der Menschen und am Fortgang der Geschichte brächte den Wissenden dazu, die ganze Wahrheit in einer Einheit von Schauspieler und Zuschauer zu erleben. Die uneingeschränkte Bejahung der Menschheitsgeschichte in ihrer vollständigen Ausweglosigkeit führte zu ihrem Genuss, der Bejahung ihrer *Eigenthümlichkeit und Einzigkeit*. Die Gefahr bei der monumentalen Historie geht nach Nietzsche

---

[124] Nietzsche, KSA, Bd. 1, Unzeitgemässe Betrachtungen, S. 261
[125] vgl. a.a.O., S. 262
[126] a.a.O., S. 125

von *den schwachkünstlerischen Naturen*[127] aus, die Anspruch auf die Gestaltung der Vergangenheit erheben, denen aber die nötige Größe für ein solches Unterfangen fehlt und die in der Konsequenz das Kleine zum Maßstab des Weltgeschehens erheben. Und deshalb ist die monumentale Anschauung Nietzsche zufolge ausschließlich für die Zwecke einer Elite geeignet.

Die zweite und gemäßigte Art des Geschichtsverständnisses ist das antiquarische, das sich alle Traditionen, Gewohnheiten und bewahrenden Tendenzen zu Eigen macht und pflegt. Seinen Nutzen hat es laut Nietzsche in einem grundlegenden lebenserhaltenden Sinn, der aber, sobald er in Erstarrung umschlägt, allem Neuen und Werdenden feindlich gesonnen ist. Lebbar ist es vor allem für eine Mittelschicht. Der dritte geschichtliche Ansatz ist der kritische.[128] Er entspringt laut Nietzsche der Not und ist Ausdruck für den Willen zur Umwälzung und zur Zerstörung des Vergangenen. Auch der dritte Ansatz ist für Nietzsche im wissenschaftlichen Sinn nicht objektiv und deshalb unhistorisch. Er verfährt mit den einzelnen Begebenheiten der Vergangenheit nicht gerecht, weil er der subjektiven Not entspringt und weil durch ihn die einzelnen Begebenheiten der Vergangenheit nur unter der Rücksicht ihrer Veränderbarkeit wahrgenommen werden. Zentral für solche Herangehensweise, die den untersten Rang in Nietzsches Vorstellungswelt einnimmt, sei der Satz: *alle Vergangenheit ist wert verurtheilt zu werden.*[129]

Für Nietzsche hat jede der drei geschichtlichen Betrachtungsweisen in einem gewissen Rahmen ihre besondere Berechtigung; dennoch sympathisiert er zu diesem Zeitpunkt noch am stärksten mit der monumentalen und am wenigsten mit der kritischen. Erst später, in der *Genealogie der Moral*, wird er mit seinem groß angelegten Projekt der Umwertung aller Werte zum vernichtenden Kritiker. In jedem Fall liegt ihm nichts an geschichtlicher Objektivität, im Gegenteil: Alle wissenschaftliche Geschichtsschreibung begrenzt er, indem er ihr gegenüber sein Konzept des Unhistorischen und Überhistorischen entfaltet, für das Geschichte nicht Selbstzweck, sondern immer nur Mittel ist.

---

[127] vgl. Nietzsche, KSA, Bd. 1, Unzeitgemässe Betrachtungen, II, S. 263
[128] Karin Bauer gibt diesem Ansatz den Vorzug und verfolgt ihn im Verhältnis zur kritischen Theorie. Vgl. Adorno's Nietzschean narratives, New York, 1999, S. 53 f.
[129] Nietzsche, KSA, Bd. 1, Unzeitgemässe Betrachtungen, S. 269

»Mit dem Worte ›das Unhistorische‹ bezeichne ich die Kunst und Kraft *vergessen* zu können und sich in einen begrenzten *Horizont* einzuschliessen;«[130]

Die Anstrengung, eine Kultur des Vergessens herzustellen – dieses Paradox rechtfertigt Nietzsche, indem er es als ein Heilmittel gegen die Überwertung der Geschichte vorschlägt. Adorno zieht mit Benjamin die fatale Konsequenz: kein Fortschritt ohne Barbarei. Um ein Zuviel an Geschichtsfixierung zu lösen, schlägt Nietzsche die Reduzierung des Bildungsniveaus aufs Wesentliche vor und zwar als einen Prozess der Selbstheilung. Die Metapher von Gesundheit und Krankheit ist nicht metaphorisch gemeint und der Begriff der plastischen Kraft zielt auf die Fähigkeit zur Selbstheilung und Selbstentfaltung des Menschen. Dies Unhistorische der drei Geschichtstypen – die Größe der monumentalen Geschichtsauffassung, die Feindschaft gegen das Neue des antiquarischen Geschichtsverständnisses und die Feindschaft gegen das Alte am kritischen Ansatz – dient Nietzsche indirekt der Rechtfertigung für seine Forderung nach einem über den partikulären Ansätzen stehenden Geschichtsbild. Aus der Unmöglichkeit einer im wissenschaftlichen Sinne objektiven Geschichtsschreibung bezieht er den Freibrief, Geschichte selbst zu schreiben und nach parmenideischem Vorbild nicht das Werden, sondern das Sein zu betrachten. Er arbeitet daran, seine Idee der höchsten Möglichkeit des Menschen zu entfalten, die an der Idee einer klassischen Vollkommenheit ausgerichtet ist. Und aus diesem Ideal extrahiert er einen ageschichtlichen Standort, um ihn der nach Ursachen und Erklärungen forschenden Geschichtswissenschaft entgegen zu setzen.

»überhistorisch nenne ich die Mächte, die den Blick von dem Werden ablenken, hin zu dem, was dem Dasein den Charakter des Ewigen Gleichbedeutenden gibt, zu Kunst und Religion.«[131]

Gegen die Begrenzung der Vernunft zu Gunsten des Glaubens und der Kunst wäre geltend zu machen, dass Kunst wie auch Religion selbst einer geschichtlichen Bewegung unterliegen. Erst vom Standpunkt der Erlösung aus sind Geschichte, Religion und Kunst

---

[130] a.a.O., S. 330
[131] a.a.O., S. 330

in ein sinnvolles Verhältnis zu setzen und erst von daher wäre der Charakter des Ewigen und Gleichbedeutenden einlösbar.

In der dionysisch-apollinischen Kunstwelt gibt es die übergeordnete Position des göttlichen Zuschauers, dem die immerwiederkehrende Vorführung des Abgrundes, vor dem der Held steht, Genuss bereitet. Einziger Ausweg in der Tragödie bietet die Außenperspektive des wissenden und genießenden, für Nietzsche *göttlichen* Zuschauers.

Parallel zu den drei Geschichtstypen konzipiert er in der *Genealogie der Moral* die Moralgeschichte hierarchisch, aus drei verschiedenen Gesellschaftsschichten: die Heerdenmoral, Herrenmoral und die Moral des Priesterstandes. Demnach schreibt er den Herren die uneingeschränkte Verwirklichung ihrer vitalen Triebe auf Kosten der so genannten Heerde, die ihrer spezifischen Moral der Furchtsamkeit unterliegt, zu. Die Heerdenmoral entsteht nicht nur unter dem durch die blanke Gewalt der Herrenmoral erzwungenen Triebverzicht. Sie opfert ihre vitalen Impulse auch dem asketischen Ideal. Da Nietzsche das Streben nach Erkenntnis als Begierde nach Macht versteht, setzt er die Askese der Furchtsamen mit Nihilismus gleich.

4   Selbstbefreiung des Denkens

Nietzsches Schriftensammlung *Menschliches, Allzumenschliches* erschien erstmals 1878 in Chemnitz. Darin findet Nietzsche, nach seiner Selbstauskunft, erst seinen eigenen Stil und zu seinem eigenen Denken. Zwei der vielen bemerkenswerten Aspekte seien herausgegriffen. Ihre Auswahl ist zwar im Hinblick auf ihre Charakteristik für Nietzsches Werk getroffen, sie korrelieren aber auch mit Adorno, der ein wirklicher Nietzschekenner war, was umso deutlicher wird, je mehr man dem Verhältnis der beiden nachgeht. Nietzsches bis dahin beispiellose Idee der *grossen Loslösung*, die einen Grundstrom seines Denkens von seiner Schrift *Menschliches, Allzumenschliches* an bildet, inspiriert Adorno in seinem Ringen um geistige Autonomie zutiefst und verhilft ihm zur Entfaltung seines eigenen – negativen – Erkenntnispotenzials. Ebenso steht es mit Nietzsches aphoristischer Form der *Sentenzenschleiferei*, die Adornos fragmentierten Denkstil tief prägt.

Entstanden Nietzsches vorherige Schriften noch unter dem ungebrochenen Einfluss von Wagner, Schopenhauer und der Romantik, so ist inhaltlich für *Menschliches, Allzumenschliches* jene vordergründige Hinwendung zur Wissenschaft maßgeblich, mit deren Hilfe er sich von Wagner, Schopenhauer und der romantischen Ästhetik emanzipiert. Sein Interesse an der Wissenschaft erscheint in *Menschliches, Allzumenschliches* bloß theoretisch, immer ist es bei ihm problematisch und der traditionell-wissenschaftlichen Haltung läuft, auffällig genug, bereits die aphoristische Form streng zuwider. Die Widmung, die der ersten Ausgabe vorangestellt ist, lautet wie folgt:

»Dieses monologische Buch, welches in Sorrent während eines Winteraufenthaltes (1876 auf 1877) entstand, würde jetzt der Öffentlichkeit nicht übergeben werden, wenn nicht die Nähe des 30. Mai 1878 den Wunsch allzu lebhaft erregt hätte, einem der grössten Befreier des Geistes zur rechten Stunde eine persönliche Huldigung darzubringen.«[132]

An eben jenem Tag hatte Nietzsche anonym eine Büste Voltaires erhalten, die mit der Widmung versehen war: *l'âme de Voltaire fait ses compliments a Frédéric Nietzsche*. Doch so sehr er auch zu diesem Zeitpunkt von Voltaire ergriffen ist – nach und nach werden von ihm auch die Positionen der Aufklärung als überwunden hingestellt. Dies geht bis zu dem Ausruf: »Oh Voltaire! Oh Humanität! Oh Blödsinn!«[133] Bezeichnend für Nietzsche ist in diesem Zusammenhang, dass ein derart schwankendes Urteil über Voltaire an der Tatsache nichts ändert, dass er sich den französischen Denkern zuweilen näher fühlte als den Deutschen, und: Er macht von da an vor nichts – auch vor seinen selbst errungenen Positionen – Halt. In der Vorrede einer acht Jahre nach der ersten Auflage erschienenen Ausgabe, die insofern eine vorangestellte Nachrede ist, spricht er deutlich sein von da ab ungebrochenes und selbstbewusstes Streben aus, einmal errungene Einsichten zu überwinden:

»Man darf vermuten, dass ein Geist, in dem der Typus ›freier Geist‹ einmal bis zur Vollkommenheit reif und süss werden soll, sein entscheidendes Ereignis in einer *grossen Loslösung*

---

[132] a.a.O., Bd. 2, Menschliches, Allzumenschliches, S. 11
[133] a.a.O., Bd. 5, Jenseits von Gut und Böse, S. 54

gehabt hat, und dass er vorher um so mehr ein gebundener Geist war und für immer an seine Ecke und Säule gefesselt schien. Was bindet am festesten? Bei Menschen einer hohen und ausgesuchten Art werden es die Pflichten sein: jene Ehrfurcht, wie sie der Jugend eignet, jene Scheu und Zartheit vor allem Altverehrten und Würdigen, jene Dankbarkeit für den Boden, aus dem sie wuchsen, für die Hand, die sie führte, für das Heiligthum, wo sie anbeten lernten, – ihre höchsten Augenblicke selbst werden sie am festesten binden, am dauernsten verpflichten. Die grosse Loslösung kommt für solchermaassen Gebundene plötzlich, wie ein Erdstoss: die junge Seele wird mit Einem Male erschüttert, losgerissen, herausgerissen, – sie selbst versteht nicht, was sich begiebt.«[134]

Dieser kurze Ausschnitt aus der Vorrede zu einer neuen, 1886 erschienenen Ausgabe, spricht im Nachhinein deutlich die *grosse Loslösung* als Richtung aus. Sie wird zu einem, wenn auch negativen, Ansatz für seine Vorstellung der Selbstüberwindung des Menschen. Und um diese zu erreichen besinnt er sich seiner Beziehung zur Ratio. Zu dem Zeitpunkt, zu dem die zweite Vorrede entstand, ist er in besagter Loslösung bereits so weit fortgeschritten, dass er die euphorische Widmung, anlässlich Voltaires hundertstem Todestag für die Erstausgabe verfasst, wegfallen lässt.

Nietzsches Kunst- und Weltverständnis war bis dahin noch weitgehend von der Romantik geprägt, unter deren überschwänglichen Begriff er auch die griechische Tragödie stellt. Nach der Einsicht in seine eigenen weltanschaulichen Einbindungen und Abhängigkeiten diente ihm Wissenschaft nun als Werkzeug, sich von diesen zu trennen. Wissenschaft fließt demnach nur genau so weit in seine Arbeit mit ein, wie sie sich als Mittel eignet, die Romantik, die er als seine Krankheit bezeichnet, zu antidotieren und diesem Selbstheilungsvorhaben Nietzsches entspricht exakt die auf Hippokrates zurückgehende Form des Aphorismus.[135] Wobei nicht außer acht gelassen sei, dass Nietzsche gewohnt ist, Heilung im christlichen Kontext zu denken und dass sie bei ihm von daher weit tiefer als im medizinischen Sinn, nämlich umfassend, gedacht

---

[134] a.a.O., Bd. 2, Menschliches, Allzumenschliches, S. 16
[135] vgl. Heinz Krüger, Über den Aphorismus als philosophische Form, München, 1988, S. 27 f.

ist. Doch zurück zu seiner Intention, positiv formuliert lautet sie folgendermaßen: Ziel ist Nietzsche selbst. Längst hat er erkannt: Das einzig Unwiderlegbare an den Denkern ist das Persönliche in ihren Schriften. In seiner Selbstbefreiung geht er durch die Negation aller Bindungen hindurch. Jenseits dieser Bindungen ist er zurückgeworfen auf sich selbst und spricht vom Typus des freien Geistes als eines Abgründigsten.

Inhaltlich ist für die Aphorismensammlung *Menschliches, Allzumenschliches* eine Willkür bei der Auswahl der Themen festzustellen, die sich mit einiger Sicherheit nicht am Innersten seines eigenen Interesses orientiert, sondern an der Behandlung einer Vielfalt sich bietender Themen, wie sie seit den Anfängen der abendländischen Philosophie eingeführt waren und von den französischen Moralisten gepflegt wurden. Sie kommen Nietzsches lebensphilosophischem Interesse sehr entgegen. Die Schrift erscheint in der Breite ihrer Themenwahl eher als eine Übung in der Kunst der *Sentenzenschleiferei*, als etwas Vorläufiges und Vorbereitendes. Wenn auch Adorno mit seiner im US-amerikanischen Exil geschriebenen Schrift *Minima Moralia* an diese in Europa gepflegte, humanistische Tradition angeknüpft, verleiht dem jedoch die geschichtliche Extremsituation – im Angesicht des Faschismus – ein anderes Gewicht als den Schriften seiner Vorgänger mit ihrer, wenn auch bissigen, doch vergleichsweise gefälligen unterhaltenden Art. Adornos *Minima Moralia* verhehlt nicht, dass sie einer grundlegenden Problematik verschrieben ist, nämlich der Frage: Wie ist Moral heute (1944) überhaupt noch möglich?

Für Nietzsches erstes Aphorismenbuch ist die Streuung der Themen bezeichnend. Er zergliedert darin zusammengehörige Aspekte und verteilt sie frei und locker. Erst im Nachhinein verdichtet er dadurch, dass er immer wieder an früher Bedachtes und Gesagtes anknüpft, indem er es variiert, verstärkt, umkehrt oder weiterentwickelt, die Bedeutung seiner *Unzeitgemäßen Betrachtungen*. In Nietzsches Denken bildet der Aphorismus als philosophische Form ein Kontinuum, das auch seine zusammenhängenden Texte mit der Sprengkraft des Alogischen kontaminiert. Indem er konsequent der Definition entsagt, verrätselt er die gewählten Sachverhalte und bringt sie damit in ihrer Widersprüchlichkeit zur Geltung. Für Nietzsche ist insgesamt die Frage der Darstellung problematischer als für andere Denker, die sich ungebrochen der wissenschaftlichen Konvention ihrer Zeit verpflichtet wissen.

Adorno und die Ohnmacht des Geistes

Im Zentrum der Forderung nach einer Selbstreflexion des Denkens steht bei Adorno und Horkheimer die These, jene der Aufklärung immanente, widerspruchsvolle Bewegung, die einer vernunftgemäßen Einrichtung der Welt entgegensteht, zehre vom Verhältnis des Geistes zur Macht. Gegenüber der Verstrickung im Macht – Ohnmachtzusammenhang wird die Idee eines Denkens, das sich selbst denkt, von Adorno als ein, wenn auch entferntes, Ideal von Freiheit aufrecht erhalten. Indessen ist es aber für ihn nicht im Vakuum zu begreifen, sondern geworden und nur aus seinem besonderen Zusammenhang mit dem Ganzen zu verstehen. Nietzsches Grundthese, Herrschaft als mythisches Widerspiel von Macht und Ohnmacht bilde den Subtext allen Denkens und menschlichen Handelns, wird von Adorno als Konstante in der geschichtlichen Bewegung des Geistes von seinen Anfängen her festgehalten und verfolgt. Die Reduktion aller bisherigen Kulturleistung auf Unterdrückung und Herrschaft ergibt allerdings eine extrem subjektive Perspektive, nach deren logischer Konsequenz kein freies Spiel, keine Liebe, keine Freundschaft und keine Freiheit möglich wären. Und obwohl Adornos Bestrebungen solch systematische Folgerungen fern liegen, sind sie tendenziell in seinem Werk angelegt. Dennoch will er mit seiner kritischen Gratwanderung nicht die grundsätzliche Vernichtung von Werten betreiben, sondern wie Nietzsche in der *Genealogie der Moral* deren Bedingung für eine radikale Umwertung klären. Erst die Veränderung der Kategorie der Macht, erst derjenige Begriff von Macht, der, wie in Nietzsches *Zarathustra*, Macht so weit auf die Spitze triebe und sie so weit an ihre Grenze führte, dass sie den Blick auf eine radikal gewandelte Perspektive von Überfluss und Bejahung frei gibt, verwandelte Macht – wie auch Spiel, Liebe, Freundschaft und Freiheit. Eine Macht, die nicht nach dem Prinzip der Knappheit und des Mangels funktioniert wie das an Nachfrage und Angebot orientierte Tauschprinzip, sondern sich das Mögliche als Fülle zum Paradigma nimmt, würde von da aus vorstellbar.

Mit dem aus solcher Fülle schöpfenden Schenken – jenem bewegenden Motiv des reifen Nietzsche, für den Natur identisch mit Unmaß und Überfluss ist – gewinnt Adorno einen Ansatzpunkt für seine Kritik der sozioökonomischen Verhältnisse und philosophischen Gewohnheiten. Sein vernichtendes Urteil über das Bestehende fällt er dabei strikt, wenn auch verdeckt, vom Standpunkt eines möglichen Überflusses aus. Und wird dieser Standpunkt als das Zentrum verstanden, das Adorno mit seiner Aporie, nach der alles gleich nah zum Mittelpunkt zu stehen kommen soll, angibt, so würde er als eine Machtutopie denkbar, die unter dem Vorzeichen eines allgemeinen Überflusses steht. Statt sie zu beschreiben, umdenkt er bloß deren Umrisse und folgt seinem negativen Konzept des Freiraums.

Vattimo hat einmal Adornos Verfahren mit Recht als die konsequente Befolgung von Tabus bezeichnet. Tatsächlich betreibt Adorno eine Art mystischer Einhaltung selbstgesteckter Grenzen. Und doch würde diejenige Adornointerpretation, die aus Vattimos Ausführungen den Schluss zöge, man solle sich doch nun, da Adornos Tabus entdeckt seien, damit zufrieden geben, sie zu brechen und seine schwarzen Löcher zu benennen, zu kurz greifen. Wird dieser negative Sachverhalt, dies auf die Sprache und deren Sinn ausgeweitete Bilderverbot, zwar erkannt, aber abgetan und nicht hinterfragt, wird somit auch Adornos gesamte Intention verworfen und nicht gesehen, dass sein Denken reziprok inmitten seiner Affinität zur Fülle, mit der Denkfigur der Negation der Negation, eine Dialektik der Leere entfaltet, die in der *Abschaffung des versagenden Prinzips*[136] ihre zentrale Forderung ohne Tabu ausspricht. Durch diesen Topos: *gleich nah zum Mittelpunkt* wird die Möglichkeit einer gleichrangigen Ordnung statt der hierarchisch-linearen, denkbar. Und mit solch runden Erkenntnisformen korreliert auch das Muster der Konstellation:

> »Konstellationen allein repräsentieren, von außen, was der Begriff im Innern weggeschnitten hat, das Mehr, das er sein will so sehr, wie er es nicht sein kann.«[137]

Bis in die Erkenntnis hinein gibt Adorno dem, was mehr als das Unmittelbare ist, Raum und antizipiert so eine Metamorphose zur negativen Ökonomie oder anders gesagt: zur Logik des Überflusses. Leitet Adorno in der Verbindung mit Horkheimer aus der Urgeschichte der menschlichen Macht einen naturgeschichtlichen

---

[136] vgl. Adorno, GS 6, Negative Dialektik, S. 371
[137] a.a.O., S. 164

Ansatz ab, nach dessen zentraler Aussage die Menschheit noch nicht in einen wahrhaft geschichtlichen Zustand eingetreten sei, so stellt er gemeinsam mit Horkheimer die Beziehung von Natur und Kultur in der *Dialektik der Aufklärung* auf die Stufe eines Naturverhältnisses und zwar solange, wie es noch im unreflektierten Machtmechanismus befangen ist. Erst in der Überwindung der Machtproblematik kann Denken demnach wesentlich fortschreiten. Formal drückt er dies in dem weiter unter stehenden Zitat aus, indem er sagt, es gäbe noch kein Subjekt von Geschichte. Solche Kritik impliziert gegen den Hegel'schen Weltgeist, der brutal, über die unüberbrückbarsten Widersprüche hinweg, sein vernünftiges Potenzial entfaltet, indirekt die Erwartung eines geeinten Menschheitswillens. Würden alle Menschen Brüder und Schwestern, wäre Geschichte, von Adornos radikalem Standort her, erst möglich. Die Ankündigung der Wende im Denken aus der Vorrede zur *Dialektik der Aufklärung* zielt demnach den Übergang von bewusstloser Naturgeschichte in ein bewusstes Stadium der menschlichen Gesamtentwicklung an. Naturgeschichtlich ist dieses von Adorno und Horkheimer kritisierte Denken, insofern es die Macht des Stärkeren behauptet und im Kampf ums Dasein nichts als eine Analogie zum Fressen und Gefressenwerden erfüllt.

In Adornos Werk bildet die Frage nach der Möglichkeit einer Transformation der Geschichte, die sich aus dem mythologischen und ausschließlich um Macht und Überleben ringenden Stadium der Naturgeschichte befreit und in die bewusste gesellschaftliche Entwicklungsform von Kulturgeschichte übergeht, eine Konstante. Sie reicht von der *Dialektik der Aufklärung* über seine soziologischen und ästhetischen Schriften bis hin zur *Negativen Dialektik*. In einem 1955 geschriebenen Aufsatz *Über Statik und Dynamik als soziologische Kategorien* zum Amsterdamer Soziologentag, in dem er eine Kritik der Abstraktheit dieser Kategorien vorträgt, sagt er:

> »Konkreter heißt Dynamik, in der Geschichte bis heute zunehmende Beherrschung äußerer und innerer Natur. Ihr Zug ist eindimensional, geht zu Lasten der Möglichkeiten, die der Naturbeherrschung zuliebe nicht entwickelt werden; stur, manisch das Eine verfolgend, verschlingt die losgelassene Dynamik alles andere. Indem sie das Viele reduziert, potentiell dem beherrschenden Subjekt gleichmacht und dem, was

ihm an gesellschaftlichen Instanzen entspricht, verkehrt Dynamik sich selbst ins Immergleiche, in Statik. ... dadurch daß das dynamische Subjekt, die Menschengattung, bloß sich selbst setzte und dadurch in die Natur zurückfiel, der es sich gleichmachte, um sie zu kontrollieren, gibt es eigentlich noch gar kein Subjekt von Geschichte sondern bloß dessen blutige Fratze.«[138]

Adorno spricht hier von Beherrschung, als einer Form der Beziehung zur Welt, die im Selbstbezug kreist. Weil die vom Subjekt ausgehende Logik bei ihrer Erkenntnis die Welt nicht als ein qualitativ anderes auffasst, bleibt sie nach ihm einseitig, mit sich selbst identisch und bewegungslos; alle Veränderung dient ihr demzufolge nur als Vorwand, den Zuwachs ihrer eigenen Macht zu vergrößern. Die Rede vom *Subjekt von Geschichte* und dessen gesellschaftlichen Instanzen ist jedoch problematisch, die Menschheit hat keinen geeinten Willen. Und selbst wenn Klarheit über die einheitlichen Ziele bestünde, wie zum Beispiel ein allgemeines Glücksstreben, würden die unterschiedlichen Kulturen und Menschen sich darunter Verschiedenes und Konkurrierendes vorstellen und verwirklichen wollen. Paradigmatisch hierfür ist die Universalisierungsdebatte im Bereich der Menschenrechte. Wie schwierig die weltweite Verallgemeinerung der selbstverständlich erscheinenden Menschenrechte gerät und wie differenziert die für alle Kulturkreise verbindliche Begründung dieser Grundrechte ist, zeigt zum Beispiel die immer wieder aufflammende Debatte um die Zulässigkeit der Androhung von Folter in Notfällen. Einen richtungsweisenden Universalisierungsansatz bietet Brieskorn in seiner historisch-philosophischen Grundlegung der Menschenrechte:

> »›Universal‹ beinhaltet den Sinn von ›Universum‹, ›*dem Einen zugewendet*‹. Wo Viele sich dem Einen zuwenden, starten sie von verschiedenen Ausgangspunkten aus und lassen sich von der je eigenen Wegperspektive prägen. Als Prozeßgeschehen gedacht: Wenn jeder einzelne dieser Vielen je mit sich identisch ist und bleibt, ist diese Vielfalt gar nicht auslöschbar und prägt die Einheit. Vielfalt selbst würde sich dann als Ganze auch sich ihrer eigenen Erfüllung im Zugang auf das Eine annä-

---

[138] a.a.O., Bd. 8, Soziologische Schriften 1, S. 235 f.

hern, während das Eine sich mit der Vielfalt anreichern würde. Beide, das Eine wie die Vielfalt, würden sich wechselseitig aufwerten.«[139]

Aus der Sicht eines solchen, um weniges konkreteren Praxisbezugs zeigt der obige Amsterdamer Beitragsausschnitt Adornos übergroße Distanz zur Ausübung und Anwendung menschlicher Grundsätze; wenn er sich lieber in den Topos absoluter Herrschaft verbeißt und von da aus seine Totalitarismuskritik nährt. Versöhnlicher stellt Walter Benjamin seine verwandte Intention in seinem 1928 erschienen Buch *Einbahnstraße* dar, indem er das Verhältnis von Natur und Menschheit reflektiert.

»Naturbeherrschung, so lehren die Imperialisten, ist Sinn aller Technik. Wer möchte aber einem Prügelmeister trauen, der Beherrschung der Kinder durch die Erwachsenen für den Sinn der Erziehung erklären würde? Ist nicht Erziehung vor allem die unerlässliche Ordnung des Verhältnisses zwischen den Generationen und also, wenn man von Beherrschung reden will, Beherrschung der Generationsverhältnisse und nicht der Kinder? Und so auch Technik nicht Naturbeherrschung: Beherrschung vom Verhältnis von Natur und Menschheit.«[140]

So wie Benjamin den Machtfaktor reflektiert, transformiert er ihn aus der brutalen Unmittelbarkeit heraus in ein übergreifendes Verhältnis, in dem beide Seiten gleichzeitig stehen. Erst als Reflektierte könnte Macht dazu dienen, qualitativ neue Beziehungsmöglichkeiten zu erkennen. Macht würde dann den Aspekt der Erkenntnis aufnehmen, und zwar als die Macht des Geistes, die trotz der Differenz an der Einheit ihrer Aspekte festhält. Benjamins Gedankengang evoziert hier eine Perspektive von Macht, die auch als Kompetenz bezeichnet werden könnte – ohne freilich eine Garantie vor deren Missbrauch zu gewähren; weil aus der distanzierten Stellung zur Macht noch immer alle Konsequenzen offen bleiben und repressivste wie pazifistischste Formen dieses übergeordneten Machtbewusstseins denkbar sind. Auch Nietzsche rät dem Erken-

---

[139] Norbert Brieskorn, Menschenrechte Eine historisch-philosophische Grundlegung, 1997, Stuttgart, S. 163
[140] Walter Benjamin, Frankfurt a. M., 1991, S. 125

nenden *sein Für und Wieder in der Gewalt zu haben und aus- und einzuhängen*[141], um über ein möglichst großes spontanes Urteilsspektrum verfügen zu können.

Weil Macht nach der *Dialektik der Aufklärung* die zentrale Kategorie menschlichen Fortschritts bildet und nicht Erkenntnis, werden die bestehenden Machtformen von Adorno und Horkheimer als die Merkmale einer fortdauernden menschlichen Urgeschichte interpretiert. Vor der Einsicht in die unbewusste Ohnmacht und Nichtigkeit des Menschen gegenüber den Naturmächten, die im Mythos die Struktur der Herrschaft zu verdecken sucht, erstarrt, nach Adorno, Aufklärung in der Furcht vor der Wahrheit.[142] Nietzsches Motiv der Angst vor der Wahrheit, das er, wie oben gezeigt, in der *Geburt der Tragödie* entfaltet und dessen Bedeutung in seinem weiteren Denken als ein umwertendes und wertendes Verhältnis von Wahrheit und Weisheit zentral bleibt, wird in Adornos *Dialektik der Aufklärung* sozialphilosophisch variiert zur *Angst vor der gesellschaftlichen Abweichung*.[143] Beide Formen: Nietzsches Angst vor dem dionysischen Abgrund und Adornos Furcht vor der gesellschaftlichen Abweichung, wie unterschiedlich sie auch sind – für das Subjekt stellen sie jeweils eine reale oder drohende Ohnmacht dar. Unbestritten reicht die Geschichte der menschlichen Furcht aus der Prähistorie in die Gegenwart hinein. Entlang der anthropologischen Konstante der Angst verläuft exakt die Grenze des Denkbaren. Angst wird nicht pejorativ verstanden, sondern als die im Bewusstsein realisierte Grenze der Existenz. Und: vom Bewusstsein der Angst aus werfen Adorno und Nietzsche mit Recht den Blick auf die Strukturen der Macht. Nietzsches Satz: Wie viel Wahrheit verträgt der Mensch?, bildet das Paradigma.

> »Die Verdoppelung der Natur in Schein und Wesen, Wirkung und Kraft, die den Mythos sowohl wie die Wissenschaft erst möglich macht, stammt aus der Angst des Menschen, deren Ausdruck zur Erklärung wird. ... Der Furcht wähnt er ledig zu sein, wenn es nichts Unbekanntes mehr gibt.«[144]

---

[141] vgl. Nietzsche, KSA, Bd. 5, Zur Genealogie der Moral, S. 364
[142] vgl. Adorno, GS, Bd. 3, Dialektik der Aufklärung, S.14
[143] vgl. a.a.O., S. 24
[144] a.a.O., S. 31

Demnach funktionieren Wissenschaft und Mythos gleichermaßen als Schutzreflexe, die die Menschen vor dem Eingeständnis ihrer Angst vor dem Dunklen bewahren. Die existenzielle Not rührt Adorno zufolge daher, dass *Wahrheit nicht bloß das vernünftige Bewusstsein, sondern ebenso sehr dessen Gestalt in der Wirklichkeit*[145] ist. Dadurch dass die Selbstreflexion des Denkens nicht nur die Vernunft, sondern auch das *Verhältnis* von Vernunft und Wirklichkeit mitreflektiert, wird die Wirklichkeit als Maßstab an die logischen Strukturen des Denkens herangetragen. Adorno geht in seiner *Negativen Dialektik* sogar so weit, den in der Erkenntnis bestehenden Widerspruch zwischen dem Begriff und der unter ihm begriffenen Wirklichkeit als wesentlich zu erklären. In diesem Sinn sagt er: *Nur am Widerspruch des Seienden zu dem, was zu sein es behauptet, lässt Wesen sich erkennen.*[146] In dieser Reflexion wird erst der Anspruch auf Wahrheit erhoben und gleichzeitig das Denken vielschichtig, wenn es sich im Grenzbereich von Denken und Wirklichkeit entfaltet ohne eindeutig Position zu beziehen, weil das vernünftige Bewusstsein, in seiner säkularisierten Form, sich nie ganz gegen seine unvollkommene Gestalt in der Wirklichkeit abdichten kann. Adornos Denken umkreist diesen Sachverhalt begrifflich. Andrej Tarkowskijs Filme, mit ihren Bildern von Zimmern, in die wie selbstverständlich, sanft, aber unaufhaltsam der Regen dringt und Pfützen bildet, handeln davon. Weil sich die wissenschaftliche Begriffsbildung mit ihrer Forderung nach einer Trennung von Form und Inhalt, die auf nichts anderes als auf die Trennung von Begriff und begriffener Sache hinausläuft, solcher Einsicht widersetzt, begibt sich Adorno mit seinem Denken unweigerlich über die Grenzen der Wissenschaft hinaus. Erst das strenge Bemühen um Objektivität, das er im Anschluss an Hegel als *die Anstrengung des Begriffs* bezeichnet, hält ihn vor dem Abgleiten ins Beliebige zurück und gibt ihm Halt. Die Durchlässigkeit des Denkens für die Wirklichkeit und der Wirklichkeit fürs Denken ist die Voraussetzung für die Wirksamkeit von Denken und dafür, dass Denken und Wirklichkeit miteinander korrespondieren können.

Formal wie inhaltlich verbindet Adorno mit Nietzsche ein komplexes Verhältnis zur Negation. Beide Denker befinden sich damit nicht

---

[145] a.a.O., Bd. 6, Negative Dialektik, S. 14
[146] a.a.O., S. 169

im Vakuum, sondern in einer reichen philosophischen Tradition, die Anknüpfungspunkte an Sokrates gelehrter Unwissenheit, Kants kritischer Philosophie, Hegels Dialektik mit seiner Methode der bestimmten Negation, dem Nihilismus und Pessimismus bis hin zur negativen Theologie bietet. Wo jedoch Nietzsches Verhältnis zur Negation zwiespältig bleibt und er in der Bewegung des Denkens es einmal vorzieht, sich selbst als positiven Geist zu beschreiben, ein anderes Mal dies negiert und sich selbst als den Zerstörer feiert, zeichnet sich Adornos negative Praxis durch eine gewisse Folgerichtigkeit aus, er macht sie für die Erkenntnis fruchtbar. Mit seiner Methode versucht Adorno exakt positive und auf Systeme zielende Denkgewohnheiten der Philosophie zu umgehen. Durch dieses Verfahren hält er es für möglich, dass die Dinge ihre anderen, der positiv sich auslegenden Vernunft verborgenen Seiten zeigen. Und eben diese, zur Vernunft anderen Seiten sind von dem negativen Gestus angezielt, den Adorno mit seinen Tabus praktiziert. In seiner Weigerung, positiv zu denken, steckt ein Eingeständnis der Ohnmacht und der Selbstbeschneidung, aber in dieser Ohnmacht ist doch auch ein bewusstes Nicht-Machtausüben gegeben, das auf neue Werte ausgeht.

1 Aufklärung

Vorausgeschickt sei hier, dass Adorno den Begriff Aufklärung nicht auf eine spezielle geistesgeschichtliche Epoche einschränkt, sondern sehr weit fasst und allgemein mit der Idee menschlichen Fortschritts identifiziert. Das heißt, Aufklärung versteht er im selben Maß als geschichtliche, soziale, ökonomische und philosophische Größe. Dies entspricht dem interdisziplinären Ansatz des Instituts für Sozialforschung, dem Adorno von 1938 bis zu seinem Tod 1969 angehörte.
Die *Dialektik der Aufklärung* ist, wie ihre Autoren versichern, in gleichberechtigter Koautorschaft von Adorno und Max Horkheimer entstanden, der erste Exkurs ist von Adorno geschrieben worden und der zweite von Horkheimer. Sie entstand 1944 im US-amerikanischen Exil, zwischen 1944 und ihrem Erscheinen in Amsterdam 1947 wurde das Kapitel: »Elemente des Antisemitismus. *Grenzen der Aufklärung*« hinzugefügt. In den programmatischen Vorreden zur ersten und zweiten, 1969 erschienenen Auflage heben die Autoren zwei eng miteinander verknüpfte As-

pekte hervor: erstens den dokumentarischen Gehalt der *Dialektik der Aufklärung* und zweitens, dass sie für eine Wende im Denken steht. Dokumentarisch ist sie, weil ihr die unmittelbare Betroffenheit von Horkheimer und Adorno als Zeitzeugen zugrunde liegt. Im Zentrum der Problematik steht die Katastrophe des dritten Reiches und mit ihr der Schock über den Rückfall hinter die Errungenschaften der Aufklärung. Rückblickend sagen sie:

> »Was wir uns vorgesetzt hatten, war tatsächlich nicht weniger als die Erkenntnis, warum die Menschheit, anstatt in einen wahrhaft menschlichen Zustand einzutreten, in eine neue Art von Barbarei versinkt.«[147]

Und an einer anderen Stelle der Vorrede zur Neuausgabe heißt es:

> »Nicht an allem, was in dem Buch gesagt ist halten wir unverändert fest. Das wäre unvereinbar mit einer Theorie, welche der Wahrheit einen Zeitkern zuspricht, anstatt sie als Unveränderliches der geschichtlichen Bewegung entgegenzusetzen. Das Buch wurde in einem Augenblick verfasst, in dem das Ende des nationalsozialistischen Terrors absehbar war. An nicht wenigen Stellen jedoch ist die Formulierung der Realität von heute nicht mehr angemessen.«[148]

Vom Zeitkern der Wahrheit, von dem Adorno und Horkheimer hier sprechen, ist bei der Rezeption nicht absehbar. Norbert Bolz pflegt für diese existenzielle Erfahrung von Geschichte in seiner Polemik *Die Konformisten des Andersseins*[149] ein hohes Maß an Ignoranz. Er übergeht, dass Konformismus zu der Zeit, in der die Kritische Theorie entstand, nicht eine Mode war, sondern – inmitten der zivilisierten Welt – bedeuten konnte, auf Befehl zu morden. Dass der Schock über solchen geschichtlichen Sachverhalt für Adorno zeitlebens bestimmend blieb, ist ihm nicht anzukreiden; eher bestätigt dies, aus meiner Sicht, die bestehenden gesellschaftlichen Defizite im Umgang mit Vergangenheit. Wenn Bolz die Oberfläche propagiert, festigt er noch Adornos Verblen-

---

[147] a.a.O., Bd. 3, Dialektik der Aufklärung, S. 11
[148] a.a.O., S. 9
[149] München, 1999

dungszusammenhang als die vorgebliche Totalität aller menschlichen Intentionen. Spätestens seit dem 11. September, der übrigens Adornos Geburtstag ist, bröckelt die superglatte Oberfläche des Cyberspace, die Bolz 1999 noch zynisch als neuestes Ideal reklamierte. Heute ist in Betracht zu ziehen, dass der crash mit dem World Trade Center zigmal zuvor und danach auf dem Flugsimulator durchgespielt wurde. Ähnliche Einsichten hätten Bolz bereits 1990 während des Golfkriegs dämmern können. Am 11. September 2001 in New York ist die virtual reality unübersehbar real geworden als Übereinstimmung der glatten Oberfläche des Cyberspace mit der rauen Wirklichkeit.

1.1 Selbstreflexion des Denkens

Horkheimer und Adorno sehen das Scheitern der Aufklärung als eine permanente Gefahr der Regression in mythologische Bewusstseinsformen vor sich. Sie halten die Idee der Aufklärung grundsätzlich nur dann für fortführbar, wenn die Aufklärung die Form der Selbstaufklärung in ihr Denken mit einbezieht. Das Denken soll durch seine Selbstreflexion in der Aufklärung einen Schritt weiter gehen und, indem es Klarheit über seine eigenen Prozesse erlangt, deren immanente Fragilität realisieren.

> »Wir hegen keinen Zweifel – und darin liegt unsere petitio principii –, daß die Freiheit in der Gesellschaft vom aufklärenden Denken unabtrennbar ist. Jedoch glauben wir, genauso deutlich erkannt zu haben, daß der Begriff eben dieses Denkens, nicht weniger als die konkreten historischen Formen, die Institutionen der Gesellschaft, in die es verflochten ist, schon den Keim zu jenem Rückschritt enthalten, der heute überall sich ereignet.«[150]

Hier gehen Horkheimer und Adorno von ihrer persönlichen Überzeugung aus, dass die Möglichkeit von Freiheit im sozialen Kontext vom Fortschritt des Bewusstseins abhängt. An dieser Stelle wird nicht der Versuch einer objektiven Begründung unternommen, sondern mit dem Eingeständnis der petitio principii Subjektivität als Grund angegeben. Für Adorno ist bemer-

---

[150] Adorno, GS, Bd. 3, Dialektik der Aufklärung, S. 13

kenswert, dass er zeitlebens exakt und selbstbewusst diejenigen Stellen kennzeichnet, an denen er mit wissenschaftlichen Gepflogenheiten bricht. In dieser Hinsicht weiß er sich der philosophischen Konvention verpflichtet. Er erzielt damit, trotz seines antisystematischen Ansatzes, eine weit reichende didaktische Klarheit, mit der er philosophiegeschichtlich als ein Mittelglied zwischen Nietzsche und der systematischen Philosophie zu verorten wäre. Wo sich Adorno erklärt, überspringt Nietzsche mit immer wiederkehrenden Wendungen, wie mit seiner Formel: *Gesetzt daß ...* die Aufgabe der Rechtfertigung und bewegt sich bedenkenlos und ohne szientivistische Sicherheiten im virtuellen Bereich. Adornos und Horkheimers zweite, empirisch belegte These besagt, dass der Prozess der Aufklärung in sich widersprüchliche Tendenzen birgt. Von dieser Annahme ausgehend wird die Forderung einer kritischen Reflexion der Aufklärung über sich selbst erhoben. Mit der so angestrebten Metaebene des Bewusstseins zielen die Autoren nicht ins Unendliche, sie dient ihnen als Mittel, einen Abstand zu konventionellen Erkenntnisformen zu gewinnen; dem liegt die Erwartung zugrunde, dass mit Hilfe dieser Distanz – ähnlich dem Brecht'schen Verfremdungseffekt – die immanenten Widersprüche aufklärenden Denkens erkennbar würden. Parallel zur metaphysischen Tradition, deren Abstraktionsniveau seit der Antike aufsteigend vom Besonderen aus zum immer Allgemeineren verläuft, steigt Adorno in den Abstraktionsstufen abwärts; und zwar nicht nur im formalen Sinn, in Richtung zunehmender Differenzierung und Sonderung, sondern primär der inhaltlichen Tendenz nach auch materialistisch, der Schwerkraft folgend in Richtung einer gesteigerten Objektorientierung. Problematisch ist Adornos Materialismus insofern er ihn, wie auch den geschichtsträchtigen Begriff der Aufklärung, extrem weit und vielschichtig fasst. Indem Adorno in seinen Schriften auf Definitionen seiner Kategorien verzichtet und sie stattdessen von deren Extremen her konzipiert, wie den Geschichtsbegriff, der von der Urgeschichte bis zur Utopie reicht, rückt er sie damit gegen seine eigene Intention in die Nähe ontologischer Deutungsmuster. Dadurch dass er seine Gegenwart in dieses Verhältnis von Prähistorie und Erlösung rückte, erzeugte er ein ungeheuer emotional geladenes revolutionäres Spannungsfeld. Für uns heute ginge in dieser Konstellation die Gegenwart schlichtweg verloren.

Indem er sich an der Zweiteilung von Hegels *Wissenschaft der*

Logik in objektive Logik und subjektive Logik orientiert und Ersterer eindeutig den Vorzug gibt, versieht er untrennbar seine materialistische Tendenz mit einer hoch komplexen, erkenntnistheoretischen Konnotation des Objektiven. Für Adornos Hegelrezeption ist neben der objektiven Logik vor allem die *Phänomenologie des Geistes* von herausragender Bedeutung und für den Hintergrund seiner intensiven Auseinandersetzung mit Hegel ist letztlich Husserls *Phänomenologie* ebenso entscheidend wie Marx' objektive Wertelehre.

Jürgen Habermas wertet in seiner Schrift *Der philosophische Diskurs der Moderne* die Selbstreflexion des Denkens äußerst dramatisch, er nennt die *Dialektik der Aufklärung* Adornos schwärzestes Buch:

> »Mit dieser Art Kritik wird die Aufklärung zum ersten Mal reflexiv; sie vollzieht sich nun an ihren eigenen Produkten – an Theorien. Allerdings erreicht das Aufklärungsdrama erst seine Peripetie, wenn die Ideologiekritik *selbst* in Verdacht gerät, keine Wahrheiten (mehr) zu produzieren – und die Aufklärung zum zweiten Mal reflexiv wird. Der Zweifel erstreckt sich dann auch auf die Vernunft, deren Maßstäbe die Ideologiekritik in den bürgerlichen Idealen vorgefunden und nur beim Wort genommen hatte. Diesen Schritt vollzieht die *Dialektik der Aufklärung* – sie verselbständigt die Kritik noch gegenüber den eigenen Grundlagen.«[151]

Warum Habermas die Gefahr einer Reflexion der Aufklärung über sich selbst so stark betont, ist zunächst nicht einsichtig; die Denkfigur einer Reflexion des Denkens über sich selbst ist bei Hegel in der *Phänomenologie des Geistes* ausgeführt und zielt dort auf den Übergang von der Bedeutung eines Gedankens *für mich* in die Bedeutung dieses Gedankens *an sich*. Zusätzlich ist das Mittel, dessen sich Habermas hier bedient, eben dasselbe, das er Adorno und Horkheimer ankreidet, nämlich die Bewegung des Denkens im Medium kritischer Reflexion. Rein formal betrachtet träfe Habermas Kritik zwar zu, aber die Zuspitzung der Idee des Fortschritts im Hinblick auf das Dritte Reich war für Adorno und

---

[151] Jürgen Habermas, Der philosophische Diskurs der Moderne, Frankfurt a. M., 1981, S. 141

Horkheimer nicht länger in logischen Formalismen abzuhandeln. Die innere Problematik hat die äußere Form mit erfasst, weil für sie die bis dahin praktizierten wissenschaftlichen Formen der Vernunft nicht ausreichten, um diese Katastrophe zu denken. Habermas verschließt sich solcher, zum Zeitpunkt seiner Auseinandersetzung bereits geschichtlich gewordenen Einsicht. Aufschlussreicher als die formalen Konsequenzen der *Dialektik der Aufklärung* ist ihm aber meines Erachtens der inhaltliche Aspekt, der eine *Verselbständigung der Kritik* und damit den Kontrollverlust des Subjekts oder der Subjekte im intersubjektiven Prozess mit sich bringt. Das Eingeständnis des Machtverlusts über den Erkenntnisprozess versteht Adorno – vernunftkritisch – wiederum als Bedingung von Wahrheit. Was die Produktion von Wahrheiten betrifft, die Habermas im obigen Zitat in Gefahr sieht, so steht fest, dass Adorno sich vehement dagegen wehrt, positive, das heißt verwertbare und nützliche Wahrheiten zu produzieren. Beide stehen in solchen Fragen unvermittelt nebeneinander. Mit seiner Adornokritik setzt sich Habermas nur formal mit Adorno auseinander und behauptet die eigene Position. Obwohl seine dialogischen Neigungen möglicherweise auch über Adorno von Nietzsches anthropomorphen Denkstrukturen inspiriert sind, zeigen sich Adorno und Habermas als Antipoden innerhalb dieses heterogenen Gebildes der Frankfurter Schule. Die Selbstreflexion der Aufklärung mündet in Vernunftkritik und deren Implikationen rücken Adorno bisweilen näher an Nietzsches wissenschaftskritische Haltung als an die Vertreter der Kritischen Theorie.

1.2 Totalität und Fragment

Mit der Kategorie der Totalität bezeichnet Adorno jeden absoluten Anspruch. Die Kritik an Machtstrukturen, die mit verdeckten, an der Kategorie der Totalität orientierten Konnotationen die Denkgewohnheiten prägen, durchdringt die gesamte *Dialektik der Aufklärung*. Die epistemologische Tragweite der Machtproblematik betrifft für Adorno nicht nur die Autonomie ihrer Gegenstände, also deren Inhalt, sondern auch die Autonomie des erkennenden Subjekts. Weil Adorno und Horkheimer die Komplexität des Macht-Ohnmacht-Zusammenhangs, vor allem jeder Form von Systematik unterstellen, vermeiden sie Darstellungsformen, die sich an eine hierarchische Gliederung anlehnen und bezeichnen die *Dialektik der Aufklärung* als eine Sammlung von Fragmenten. So folgen nach dem ersten Kapitel *Begriff der Aufklärung* zwei längere Exkurse, in deren Zentrum der mythische Ursprung und das rationale Ende der Aufklärung stehen. Diese beiden Passagen münden in den Aufsatz *Kulturindustrie. Aufklärung als Massenbetrug*, der die seinerzeit in den Vereinigten Staaten aktuelle kritische Analyse von Aufklärung unter den Verhältnissen einer fortgeschrittenen Marktwirtschaft aus Adornos Sicht bietet. Weil die wirtschaftliche Entwicklung der USA mit ihrer Überlegenheit für die am kapitalistischen System orientierten Staaten in Westeuropa die Richtung vorgab, blieben Horkheimers und Adornos Aussagen auf diesem Gebiet gerade wegen ihrer Radikalität relativ lange Zeit aktuell. Vor diesem ökonomisch-kulturellen Hintergrund bildet das Kapitel *Elemente des Antisemitismus. Grenzen der Aufklärung* eine Apologie des Judentums, in dessen irrationalen Zügen die Autoren ein Heteronomes zu der auf bloße Machtexpansion gerichteten Ratio wahrnehmen und anerkennen. In der Ausgabe von 1997 sind diesen Teilen noch eine Reihe kleinerer Fragmente aus Adornos Nachlass jener Zeit angefügt, die leicht Walter Benjamins Einfluss erkennen lassen.

Dass zwei relativ ausführliche Teile der *Dialektik der Aufklärung* jeweils als Exkurse bezeichnet werden und dass die anderen Teile unnummeriert im Inhaltsverzeichnis angeführt sind, ist bemerkenswert. *Exkurs: I Odysseus oder Mythos und Aufklärung* handelt von den Ursprüngen der Aufklärung im Mythos, *Exkurs: II Juliette oder Aufklärung und Moral* setzt sich mit Kant, Sade und Nietzsche auseinander, die darin die *unerbittlichen Vollender der Aufklärung* genannt werden. Obwohl Anfang und Ende der Aufklärung auf eine gewisse Geschlossenheit verweisen und im gewohnten Sinn zwei Hauptteilen entsprächen, werden sie formal zu Exkursen herabgesetzt. Hierin, wie im ganzen Konzept, haben Horkheimer und Adorno bewusst nach asystematischen Formen des Gliederns gesucht.

Zur Vermeidung damals bestehender wissenschaftlicher Denkmuster, nähern sich Adornos Sätze auch da dem Aphorismus an, wo sie äußerlich im geschlossenen Textzusammenhang stehen. Heinz Krüger hat in seiner unter Adorno entstandenen Dissertation *Über den Aphorismus als philosophische Form*[152] den Apho-

---

[152] München, 1988

rismus treffend als eine Igelstellung der Worte beschrieben und gezeigt, wie darin die Logik der Begriffe durch die Schließung der Sequenzen zu einem System en miniature führt und den Systemgedanken parodiert.[153] Wo nun Adorno seine Aphorismen in den fortlaufenden Text einfügt, geraten der einzelne Satz und das Textganze in ein Spannungsverhältnis, in dem der einzelne Satz autonom ist und die Autorität eines Ganzen beansprucht und sich auf diese Weise nicht ohne weiteres der Hierarchie des Textganzen unterordnet. Machtkritik spielt demnach nicht nur inhaltlich eine Hauptrolle, sie prägt auch weitgehend die Form, und zwar auf allen Stufen der Komplexität, ausgehend vom Begriff, über den Satz, das Urteil und den Textzusammenhang bis zur Gliederung.

Die hier angedeutete Strategie der Vermeidung zeitgenössischer Konventionen und Systematisierungen gewinnt in Adornos gesamten philosophischen Schriften zunehmend an Bedeutung. In jeder Form von Systematik oder Konvention wittert Adorno deren die Wahrheit verdeckenden Sinn. Dass die Wahrheit des Individuums in seiner Ohnmacht gegenüber dem Ganzen besteht und es sie in einem der Sucht ähnelndem Mechanismus vor sich selbst vertuschen muss, bildet für Adorno wie für Nietzsche eine zentrale Einsicht. Hält Nietzsche noch, in Anlehnung an die alten Griechen, an einem positiven kosmischen Begriff des Ganzen fest, so besteht Adornos Grunderfahrung darin, dass dieses kosmische Ganze, sozialphilosophisch gewendet, negativ von der Anmaßung gesellschaftlicher Totalität okkupiert ist. Nach Adorno ist die gesellschaftliche Totalität Schein, weil sie niemals vollkommen sein kann, und andererseits wird sie als real erfahren, weil sie den Horizont der Menschen mit ihren Machtansprüchen verstellt. Adorno entfaltet eben diesen Widerspruch fragmentarisch. Jede Form von Vollkommenheit zu seiner Zeit symbolisiert ihm ein Vergehen gegen die Opfer des Nationalsozialismus und jede systematische Geschlossenheit ist seinem Denken als Totalität zutiefst suspekt. Wahrheit kann er nur als gebrochene wiedererkennen. Die Positionen Adornos sind nicht hintergehbar und sträuben sich gegen die Wirklichkeit, die, allen Opfern zum Trotz, wenn auch nicht fortschreitet, doch irgendwie weitergeht und zwischenzeitlich den aufrechten Gang wieder probte.

Das Motiv der Vollendung der Aufklärung wiederholt Adorno mehrmals, und zwar im Bezug auf das totalitäre Regime des dritten

---

[153] vgl. a.a.O., S. 104

Reichs sowie auf Kant und Sade. Der konstatierte Zwiespalt im Begriff der Vollendung wird provokativ durch die Nennung Kants und Sades in einem Atem erzeugt. Für Adorno und Horkheimer werden Kant, Nietzsche und Sade im Bezug auf die Totalität des Subjekts kompatibel in Kants transzendentaler Apperzeption, mit Nietzsches Superman und der sadistischen Selbstüberhebung des Täters über sein Opfer. Für Adorno resultiert der Machtakt aus einem bewusstlosen Affekt der Angst vor der Ohnmacht. Der überschäumende Impuls von Freiheit und Überfülle, den Nietzsche im *Zarathustra* herausstellt, steht dagegen. *Ideologie lauert auf den Geist, der, seiner selbst sich freuend wie Nietzsches Zarathustra, unwiderstehlich fast sich zum Absoluten wird.*[154] In dem Ideologieverdacht gegenüber Nietzsche äußert Adorno dieselbe Form der Kritik wie gegenüber dem Idealismus und der Menschenschändung.

2 Negation

Kritizismus, Nihilismus und Umwertung, mit diesen intensivsten dialektischen Impulsen, die Adorno im Prozess der Selbstbefreiung des Denkens von Nietzsche empfängt, führt er jene breite negative Tradition der abendländischen Geistesgeschichte fort, deren Bedeutung ein an positiven und verwertbaren Ergebnissen interessierter Wissenschaftsbetrieb zu gerne ausblendet. Entfaltet Adorno in seiner *Negativen Dialektik* jenen Widerspruch von Identität und Nichtidentität zugunsten des Nichtidentischen, betreibt er dezidiert Wissenschaftskritik und katapultiert den Satz der Identität in den ersten Hauptsatz der Utopie, indem er Identität der Wirklichkeit mit ihren Begriffen als noch nicht verwirklicht denunziert und mit der Frage der Geltung seiner Kategorien ernst macht.

Im Folgenden finden sich (1) Erwägungen zum kritischen Mittel der bestimmten Negation, sowie (2) zum mystischen Nihilismus und (3) zur Dialektik des Minimalen, die Adorno als Hebel für eine anstehende Umwertung ansetzt.

2.1 Selbstbefreiung und bestimmte Negation

Bringt Adorno mit der bestimmten Negation zunächst ein zusätz-

---

[154] Adorno, GS, Bd. 6, Negative Dialektik, S. 41 und S. 375

liches subjektives Gewicht ins Denken ein, stärkt er durch sie dennoch beide am Erkenntnisprozess beteiligten Seiten. Das subjektive Moment bringt sein zusätzliches Gewicht zur Geltung, indem es das Problembewusstsein aktiv sensibilisiert und die Objektseite wird hervorgehoben, weil sie in einem höheren Maß Anerkennung erfährt. Somit fördert das Verfahren der bestimmten Negation die Entfaltung des Subjekt-Objektverhältnisses. Formal gesehen bewirkt es im Denken eine spezifische erkenntniskritische Qualität und inhaltlich führt es zu einer differenzierteren Bestimmung. Im Vergleich zum rein logischen Verfahren erzielt es eine gesteigerte Wahrnehmungsfähigkeit. Die bestimmte Negation wird zum Mittel der Wissenschaftskritik, insofern sie von einer ausschließlich formal durchgeführten Logik absieht und dem wesentlichen Gehalt ihrer Begriffe folgt. Sie zielt auf eine mit ihrem Inhalt kommunizierende Logik, weil sie sich auch von ihm bestimmen lässt und auf ihn eingeht, statt logisch-ordnend nur über ihn zu verfügen. Die Differenzierung, die durch das Mittel der bestimmten Negation in das Denken eingebracht wird, ist diejenige Qualität, die sich zur Problematik ihrer Themen nicht beliebig oder neutral verhält, sondern ihnen zum Ausdruck verhilft: Wunden werden gezeigt. In seiner Vorrede zur *Phänomenologie des Geistes* spricht Hegel über dieses *bestimmte Negative*, das Adorno den entscheidenden Anstoß gibt:

»Es sind an dem räsonierenden Verhalten die beiden Seiten bemerklicher zu machen, nach welchen das begreifende Denken ihm entgegengesetzt ist. – Teils verhält sich jenes negativ gegen den aufgefaßten Inhalt, weiß ihn zu widerlegen und zunichte zu machen. Daß dem nicht so sei, diese Einsicht ist das bloß *Negative*; es ist das Letzte, das nicht selbst über sich hinaus zu einem neuen Inhalt geht; sondern um wieder einen Inhalt zu haben, muß etwas *anderes* irgendwoher vorgenommen werden. Es ist die Reflexion in das leere Ich, die Eitelkeit seines Wissens. – Diese Eitelkeit drückt aber nicht nur dies aus, daß dieser Inhalt eitel, sondern auch, daß diese Einsicht selbst es ist; denn sie ist das Negative, das nicht das Positive in sich erblickt. Dadurch, daß diese Reflexion ihre Negativität selbst nicht zum Inhalte gewinnt, ist sie überhaupt nicht in der Sache, sondern immer darüber hinaus; sie bildet sich deswegen ein, mit der Behauptung der Leere immer weiter zu sein als eine inhaltsreiche Einsicht. Dagegen, wie vorhin gezeigt, gehört im begreifenden Denken das Negative dem Inhalte selbst an und ist sowohl als seine *immanente* Bewegung und Bestimmung wie als *Ganzes* derselben das *Positive*. Als Resultat aufgefasst, ist es das aus dieser Bewegung herkommende, das *bestimmte* Negative und hiermit ebenso ein positiver Inhalt.«[155]

Hegel erklärt hier den Kontrast des räsonierenden Verhaltens zum begreifenden Denken. Während für das räsonierende Verhalten der Inhalt als peripher und bloß akzidentell und damit für unwesentlich gehalten wird, ist im begreifenden Denken die inhaltliche Bestimmung als die bestimmte Negation substanziell und bleibt durch die ganze Bewegung des Denkens hindurch erhalten. Dies *bestimmte* Negative, von dem Hegel hier spricht, wird für Adorno zum wissenschaftlichen Paradigma inhaltlichen Denkens. Das Wagnis der Mitglieder des Instituts für Sozialforschung, die traditionell partikularen wissenschaftlichen Gebiete zu verlassen, in eine interdisziplinäre Perspektive überzuwechseln und gleichzeitig einen wissenschaftlichen Anspruch aufrechtzuerhalten, konnte nur induktiv, vom konkreten Inhalt ausgehend, gelingen. Spricht Axel Honneth[156] in seiner *Kritik der Macht* von der endgültigen Verdrängung des Sozialen aus der Gesellschaftsanalyse der kritischen Theorie im Sinne der Sozialwissenschaft, so ist dieser Analyse vom sozialwissenschaftlichen Standpunkt aus nur zuzustimmen. Unbestritten ist Adorno der exponierteste Vertreter dieser Tendenz innerhalb der Kritischen Theorie. Aber im gleichzeitigen Kampf gegen zwei Fronten, nämlich Wissenschaft und gesellschaftliche Wirklichkeit, gibt Adorno den von Honneth erhobenen Anspruch auf einen objektiven Blick bewusst preis. Mit seinem Kritizismus bezieht Adorno eine dezidiert philosophische Position. Für Adorno und Horkheimer bietet Hegels dialektische Fassung des Inhalts das erkenntnistheoretische Zentrum der Rechtfertigung ihrer sozialphilosophischen Studien. Weil Sozialphilosophie vom interdisziplinären Diskurs lebt, ist die inhaltliche Komponente, die sich Adorno zufolge an der bestimmten Negation entzündet, für sie essenziell. Die Konfrontation von Denken und Wirklichkeit folgt

---

[155] Georg Wilhelm Friedrich Hegel, Phänomenologie des Geistes, 1981, Frankfurt a. M., S. 56 f.
[156] s.o., S. 12

nicht einem linearen Schema, sondern komplizierten veränderbaren Bezügen. In seinem Buch *Vernunftkritik bei Nietzsche und Horkheimer / Adorno* widmet Holger Weininger ein Kapitel der bestimmten Negation. Er versteht sie als eine, trotz der Selbstmontage der Vernunft, verbleibende emanzipatorische Möglichkeit von Aufklärung.[157] Hierzu sei bemerkt, dass die bestimmte Negation nichts mit der Selbstdemontage von Vernunft zu tun hat; vielmehr stellt sie innerhalb der Vernunft ein legitimes Mittel von Erkenntnis dar. Weininger überführt die formal dialektischen Merkmale von Identität und Nichtidentität in eine Perspektive sympathetischer Vernunft, die nach ihm für *eine gewandelte Vernunftkonzeption*, sowie für *ein verändertes Konzept von Objektivität*[158] steht. Der essenzielle inhaltliche Aspekt bestimmter Negation verbleibt bei Weininger jedoch peripher. Nutzt dagegen Adorno die bestimmte Negation, um der immanenten Widersprüchlichkeit seiner Destinationen zu folgen, ohne deren Auflösung zu wollen, verweigert er mit diesem quer zur wissenschaftlichen Konvention stehenden Ansatz bewusst die Zustimmung zur cartesianischen Grundforderung an die Philosophie, nach der diese clair et distinct zu sein hat. So fügt er zur Forderung nach Klarheit seine Aufforderung zur Kritik der falschen Klarheit und die klassische distinctio konfrontiert er mit der Auffassung, nach der die Dinge sich erst aus ihrem Zusammenhang zu erkennen gäben. Im Unterschied zu Nietzsche, der sich seiner Sprünge brüstet, sind bei Adornos kritischem Verfahren diejenigen Stellen noch exakt nachvollziehbar, an denen er sich von der philosophischen Tradition verabschiedet und damit bleibt er sehr wohl einer didaktischen Tradition verpflichtet.

Paradigmatisch für dies auf das Ganze zielende Konzept ist Adornos Stellung zur Praxis: Er bezieht einen Standort, an dem sein Denken praktisch wird und doch Denken bleibt. Möglich ist dies durch seinen rückhaltlosen Einsatz in der ganzen Bewegung des Gedankens. Das Missverständnis, Adornos Denken sei eine Aufforderung zu radikaler Praxis, stammt daher, dass Denken bei ihm Praxis ist. Praktisch, das heißt im Arbeitsprozess, versichert es sich seiner Erfahrung. Weil aber für die Philosophie Erfahrung nur als Grenzerfahrung relevant wird, resultiert hieraus mit einem gewissen Automatismus eine Radikalisierung des Lebens.

---

[157] Dettelbach, 1998, S. 65 ff.
[158] vgl. a.a.O., S. 69

Die Konzeption von Wahrheit als Abgrund, die Adorno mit Nietzsche als Problem teilt, und demgegenüber Adornos Hinweis auf Kierkegaards Bild des Zuges, der auf einer Eisenbahnbrücke über einen Abgrund fährt, in den die Reisenden behaglich erschauernd aus ihren Fenstern schauen können, evoziiert auch Lukács' Dictum vom Café Abgrund, das er wohl für Adornos Standort erfand; aber gegen Lukács' Ironie sei es dem Philosophen doch zugestanden, nach getaner Arbeit auszuruhen.
Vielleicht ist Adornos Affinität zu Nietzsche auf dessen fragwürdiges Privileg authentischer Erfahrung von Schmerz zurückzuführen und auf diesen aus der christlichen Tradition stammenden Umstand, dass Nietzsche im Schmerz nicht versteinerte, nicht vertierte, im Gegenteil seine Existenz sensibilisieren und steigern konnte, so dass er die negativen Impulse als Bestimmung auffasste. Der leidende und sein Leiden überwindende Nietzsche verkörpert so mit seinem *Weh spricht: Vergeh!*[159] gewissermaßen die Methode der bestimmten Negation.

2.2 Nihilismus

Nietzsches Ausführungen über den Nihilismus wetteifern mit der literarischen Vorlage von Turgenjews Roman *Väter und Söhne*, der 1862 entstand. Turgenjew erreicht darin die Plastizität des Begriffs Nihilismus dadurch, dass er seine Protagonisten Basarow und Arkadij in den verschiedenen konkreten Situationen ihres Lebens miteinander und mit anderen Personen agieren und sprechen lässt. Dabei wird die Theorie des Nihilismus ständig mit derjenigen Wirklichkeit gemessen, mit der die beiden Freunde konfrontiert sind. Aus dieser quasirealistischen Darstellung Turgenjews entsteht dann die Anschaulichkeit des Nihilismus als Lebensform. Im Roman sind allerdings die Widersprüche, in die sich die beiden Nihilisten verwickeln, relativ durchschaubar gestaltet. Die nihilistischen Positionen der Romanhelden stoßen jeweils an verschiedenen Formen von Liebe an ihre Grenzen. In Nietzsches philosophischer Reflexion dagegen werden sie nirgends aufgelöst, sondern, im Gegenteil, mit einer großen Leichtigkeit in einer zunehmend tragischen Stellung integriert.
Wenn Adorno sagt: *Der Gedanke hat seine Ehre daran, zu ver-*

---

[159] Nietzsche, KSA, Bd. 4, Zarathustra, S. 286

teidigen, was Nihilismus gescholten wird,[160] so bezeichnet er seine Stellung in einer Tradition, die der fortgesetzten Kritik verpflichtet bleibt und die unter keinen Umständen positiv oder mit dem Bestehenden in Einklang gebracht werden will. Aufschlussreich über sein Verhältnis zum Nihilismus und insbesondere seiner damit im Zusammenhang stehenden Nähe zu Nietzsche ist ein Brief, den er am 19. April 1939 an den Kabbalaforscher Gershom Scholem richtet.[161] Darin bedankt Adorno sich für ein Geschenk Scholems: einen Soharabschnitt zum Symbolcharakter der Genesis, den dieser übersetzt hatte. Unter anderem schreibt er:

> »Es schien mir oftmals so, als sei die Gewalt dieses Textes eine, die sich dem Verfall selber verdankt, und vielleicht könnte eine solche Dialektik etwas beitragen zum Verständnis jenes Moments, das Sie so nachdrücklich herausstellen: des Umschlags des Spiritualismus – und im Sinn Ihrer Interpretation möchte ich fast sagen: des Akosmismus – in Mythologie. Man wäre dann sehr nahe bei dem angelangt, worum unsere Gespräche im Sommer sich bewegten, nämlich bei der Frage des mystischen Nihilismus.«[162]

Hier antizipiert Adorno das Grundmotiv für seine Kritik in der *Dialektik der Aufklärung*: die Umwendung des reinen, akosmischen, Geistes in eine mit dem Kosmos kommunizierende Mythologie. Ähnlich Nietzsches Ideal eines mit Mythen umstellten Horizonts fasst Adorno den Mythos als den geschlossenen *Immanenzzusammenhang dessen was ist.*[163] Und in solcher Schließung korrelieren Mythos und System. Der Umschlag von Geist in Mythos ist vermittelt am Extrem: Der reine Geist mit dem abstrakten Begriff des Seins wird zum geschlossenen Immanenzzusammenhang. Vermittlung wird hier, paradox, zum Grenzbegriff, das Mittlere zum Äußersten. Nach Adorno korrespondieren Mythos und absoluter Geist an dem totalen Anspruch, der in ihrem Begriff mitgedacht ist, der nichts anderes als das bereits Bestehende ins Denken hi-

---

[160] Adorno, GS, Bd. 6, Negative Dialektik, S. 374
[161] Rolf Tiedemann (Hrsg.), im Auftrag des Theodor W. Adorno Archivs, Frankfurter Adorno Blätter V, München, 1992, S. 144–148
[162] a.a.O., S. 145
[163] vgl. Adorno, GS, Bd. 6, Negative Dialektik, S. 394

neinnimmt und sich in der ewigen Wiederkunft als Widerholung erkennt. Indem Adorno die Frage nach der Möglichkeit des Anderen und des Neuen, also der Veränderung, in der Geschichte auf die Spitze treibt, stellt er die Kategorie der Ausweglosigkeit her, doch anders als für Nietzsches göttlichen Zuschauer – aus der Perspektive von Schauspielern, denen keine Heldenmaske passt.

»›Auch das Schöne muss sterben‹ das ist viel wahrer, als bei Schiller vermeint. Es gilt nicht nur von den Gebilden, die zerstört werden oder vergessen oder ins Hieroglyphische zurücksinken, sondern für alles, was aus Schönheit sich zusammensetzt und was, nach deren hergebrachter Idee unwandelbar sein sollte, die Konstituentien der Form. Erinnert sei an die Kategorie der Tragik. Sie scheint der ästhetische Abdruck von Übel und Tod und solange in Kraft wie diese. Trotzdem ist sie nicht mehr möglich.«[164]

Kaum wird in der Philosophie noch einmal ein decrescendo so beschrieben werden wie in diesen Zeilen des späten Adorno. Ausschließlich in der Gestalt der ewigen *Vergängnis* gestattet er sich, gegen die Idee der ewigen Wiederkunft, die Möglichkeit von Hoffnung zu denken. Selbst das Werden ist darin Vergehen. Nimmt doch Adorno es in jener geradezu teleologischen und nur annäherungsweise erreichbaren Vollständigkeit an, vor der die Wirklichkeit außer in ihren flüchtigsten Augenblicken zurückbleibt. Bemüht, eben diesen Rückstand ins Bewusstsein zu heben, wahrt er ohne den leisesten Zweifel über seine Ohnmacht darüber den Gestus des Rettens.

Die Idee eines erfüllten Werdens begreift Adorno als das Ende der Geschichte, erst Erfüllung ist für ihn vollständiges Vergehen. Identisch wäre es mit Nietzsches *Unschuld des Werdens*[165], das die Freiheit vom Schuldzusammenhang des Lebendigen und von der von Adorno kritisierten umfassenden Ökonomie von Opfer und Mangel postuliert. Adornos Interesse am extremen, nihilistischen Mystizismus hängt an solcher Zuspitzung des Denkens, die ihn dem Spannungsfeld Benjamin – Nietzsche – Scholem annähert. Scholem zieht zum Verhältnis von Logos und Mythos eine

---

[164] Theodor W. Adorno Archiv, Frankfurt a. M., TS 20544
[165] Nietzsche, KSA, Bd. 6, Götzendämmerung

theologische Parallele, nämlich: heilige Schrift und Mystik. In seinem Buch *Zur Kabbala und ihrer Symbolik*[166] stellt Scholem das problematische Verhältnis von religiöser Autorität und Mystik als geschichtlich und von Mystiker zu Mystiker wechselnd vor. Wie die Mystik vom heiligen Text ausgeht und sich ihm nachordnet, so ist der Mythos geschichtlich seiner Verschriftlichung vorgeordnet. Kommensurabel werden Scholems Ausführungen zufolge Mythos und Mystik am Verhältnis zu deren Polen: Leben und reiner Gedanke. Die mystische Erfahrung beschreibt Scholem als

> »... die Aufschmelzung des heiligen Textes und die Entdeckung neuer Dimensionen an ihm. Mit anderen Worten: der heilige Text verliert seine Gestalt und nimmt unter den Augen des Mystikers eine neue an. Sofort tritt hier das Sinnproblem ins Zentrum. Der Mystiker verwandelt den heiligen Text, und das entscheidende Moment dieser Metamorphose besteht darin, daß das harte, gleichsam eindeutige, unmissverständliche Wort der Offenbarung nun *unendlich* sinnerfüllt wird.«[167]

In der kabbalistischen wie der christlichen und sufistischen Mystik ist nach Scholem eine doppelte und in sich vermittelte Bewegung von Fortschritt und Tradition vorhanden. Ihr wohnt die unmittelbare Gefahr des Häresievorwurfs von Seiten religiöser Autoritäten inne. Scholem führt Ignatius von Loyolas *Geistliche Exerzitien* als dasjenige Beispiel in der katholischen Mystik an, das, in diesem Sinn, den sichersten Schutz vor Abweichungen gewährt. Bemerkenswert an Scholems Ausdruck der *Aufschmelzung* des Textes ist, dass Adorno wie Nietzsche eben dies Verfahren auch auf profane Texte anwenden und mit ihrer Aneignung und Einschmelzung so weit gehen, dass der jeweilige Bezug zu den Quellen, sofern nicht getilgt, überhaupt nur Kennern nachvollziehbar bleibt. In diesem Zusammenhang kann Adornos Apologie Nietzsches gegenüber dem Wagnerbiografen Newman gestellt werden, der Nietzsche wegen solcher Verletzung akademischer Spielregeln anklagt. Adorno verteidigt sie aber als die Realisation der wissenschaftskritischen Implikationen von Nietzsches Denken und nicht als bedingt *to a lack of strength and selfdiscipline but rather to a lack of naivity and conformism.*

---

[166] Frankfurt a. M., 1995
[167] a.a.O., S. 21

Außerdem nennt er Nietzsche im selben Zusammenhang *one of the most advanced enlighteners of all*.[168] Die Einwanderung theologischer Kategorien in die Philosophie vollzieht sich aber nicht wie in der englischen Äquivokation von Erleuchtung und Aufklärung, sie vollzieht sich als äußerste Möglichkeit.

> »Eine Restitution der Theologie oder lieber eine Radikalisierung der Dialektik bis in den theologischen Glutkern hinein müsste zugleich eine äußerste Schärfung des gesellschaftlich-dialektischen, ja des ökonomischen Motives bedeuten.«[169]

In entfernter Ähnlichkeit zum Marx'schen Fetischcharakter der Ware, der als eine Spannung von Mythos und Materialismus angelegt ist, werden von Adorno und Benjamin Grenzübergänge zwischen Theologie und Materialismus *erschmolzen*. Scholem unterscheidet zwei mystische Charaktere, den konservativen und den revolutionären: Während der konservative auch bei freiester Auslegung der Texte doch deren Rahmen respektiert, sprengt der revolutionäre Typus die traditionelle Bindung. Ein Beispiel solcher revolutionierenden Exegese bilden nach Scholem die Paulinischen Briefe.[170] Scholem zufolge ist ihre Konfliktträchtigkeit jeweils abhängig von geschichtlichen Gegebenheiten. An sich konflikthaltig im Verhältnis zur religiösen Autorität sei nur der Grenzfall der nihilistischen Mystik,[171] der die Vernichtung aller Autorität im Namen der mystischen Erfahrung oder Erleuchtung selber[172] intendiere. Die Überlieferung der nihilistischen Mystik ist problematisch und wurde laut Scholem innerhalb der monotheistischen Religionen tabuiert.

> »Ihr destruktiver Charakter lud die Zerstörung, die Unterdrückung durch die Mächte der Autorität ein, oder aber erzwang eine Zweideutigkeit des Ausdrucks, die die Interpretation des

---

[168] Adorno, GS, Bd. 19, Wagner, Nietzsche and Hitler, S. 410
[169] Henri Lonitz, Theodor W. Adorno Archiv, Theodor W. Adorno Walter Benjamin Briefwechsel 1928–1940, Frankfurt a. M., 1995, Adornos Brief an Benjamin vom 2.–4. August 1935, S. 143
[170] vgl. Gershom Scholem, Zur Kabbala und ihrer Symbolik, Frankfurt a. M., 1995, S. 25
[171] vgl. a.a.O., S. 39
[172] vgl. a.a.O., S. 43

Textes immer wieder fragwürdig macht ... Für den unverstellten Ausdruck nihilistischer Mystik besitzen wir ... kein eindrucksvolleres Dokument als das polnische ›Buch der Worte des Herrn‹, in dem die Schüler Jakob Franks (1726–1791) die Lehren ihres Meisters nach dessen eignen, mündlichen Worten niedergelegt haben.«[173]

Scholem spricht von der nihilistisch-mystischen Erfahrung, der *Urquelle des Lebens*, im Symbol des Abgrunds und bezeichnet sie als ein *Kontinuum der Zerstörung*.[174] Ohne Nietzsche ein einziges Mal zu erwähnen, beschreibt er den nihilistischen Mystizismus in den Kategorien von Nietzsches Denken. An einer Stelle, an der er die Polarisation zwischen spiritualistischem Messianismus und rabbinischem Judentum beschreibt, heißt es:

»Der Antinomismus führt zum mystischen Nihilismus, der die Umwertung aller bisherigen Werte predigte und sich die Losung zueigen machte: *bittula schel tora sehu kijuma*, ›die Aufhebung der Tora ist ihre Erfüllung‹.«[175]

Unwillkürlich drängt sich hier das Bild des buckligen Zwerges aus Walter Benjamins Fragmenten *Über den Begriff der Geschichte*, auf, der *sich ohnehin nicht darf blicken lassen*[176]. Aber anders als Benjamin glauben macht, in der Gestalt des nihilistischen Mystizismus, der nicht erst seit heute, sondern von jeher sich nicht blicken lassen durfte und der sich dennoch im letzten *Theologisch-politischen Fragment*[177] zeigt. Anders als in Kants Antinomien, den mittelalterlichen Gottesbeweisen nachgestellt und zurückgehend auf den Ursprung oder ersten Beweger als erster Ursache, ist im jüdischen Denken jene Hoffnung auf Erlösung als Motiv zur Konstruktion von Kausalitäten wirkungsvoller. Stets schlägt sich Adorno statt auf die Seite des Ursprungs auf diejenige der Erlösung. Und Benjamin demonstriert anschaulich an seinem Pfeilmodell das profane menschliche Glücksstreben im Bild einer messia-

---

[173] a.a.O., S. 44
[174] a.a.O., S. 45
[175] a.a.O., S. 114
[176] Illuminationen, Frankfurt a. M., 1972, S. 251
[177] a.a.O., S. 262 f.

nischen Mechanik, als eine, wenn auch abgründige, Kausalität des Glücks. Im Topos eines Glücks im Untergang ist die Überwindung der Angstthematik unter dem Vorzeichen des Nihilismus gedacht.

An einer anderen Stelle seines bereits oben zitierten Briefes vom 19. April 1939 an Scholem, schreibt Adorno:

>»Der von Ihnen übertragene Abschnitt ist eine Auslegung der Schöpfungsgeschichte als eines ›Symbols‹. Die Sprache, in die das Symbol übertragen wird, ist aber selber wiederum eine bloße Symbolsprache, die den Gedanken an jenen Ausspruch Kafkas nahe legt, alle seine Schriften seien symbolische, aber doch nur in dem Sinn, daß sie in unendlichen Stufenfolgen durch stets erneuerte Symbole zu interpretieren seien. Die Frage, die ich an Sie richten möchte, ist nun die: ob es im Stufenbau der Symbole hier überhaupt einen Grund gibt oder ob er einen bodenlosen Sturz vorstellt. Bodenlos deshalb, weil in einer Welt, die nichts kennt als Geist und in der noch die Andersheit als bloße Selbstentäußerung des Geistes bestimmt wird, die Hierarchie der Intentionen kein Ende kennt. Man könnte auch sagen: daß es nichts mehr gibt als Intentionen. Wenn ich aber auf Benjamins altes Theorem vom intentionslosen Charakter der Wahrheit rekurrieren darf, die nicht eine letzte Intention darstellt, sondern der Flucht der Intentionen Einhalt gebietet, dann drängt sich angesichts des Sohartextes wiederum die Frage nach dem Verblendungszusammenhang des Mythos auf.«[178]

Die Strategien angesichts des Bodenlosen, in der *Flucht der Intentionen* differieren: Behauptet Nietzsche für sich das Spiel, die Leichtigkeit des Vogels und des traumwandelnden Tänzers, so stellt Benjamin sich diesem Sturz mit der Stillstellung der Gedanken in Konstellationen entgegen. Wenn Benjamin in seinem Passagenwerk jene entschleunigende Pariser Mode zitiert, nach der die Damen ihre Geschwindigkeit den von ihnen mitgeführten Schildkröten anglichen,[179] korrespondiert er im Innersten mit Adorno, der die Möglichkeit einer Rettung der Metaphysik einzig in deren rückhaltloser Einwanderung ins Profane erblickt.

---

[178] Rolf Tiedemann (Hrsg.), Frankfurter Adornoblätter V, München, 1992, S. 145 f.
[179] Walter Benjamin, Das Passagen-Werk, Bd. 1, Frankfurt a. M., 1983, S. 162

Vom Kierkegaardbuch[180] an variiert Adorno jeweils an den exponiertesten Stellen seines Werkes das Motiv des Abgrunds. Und wie Nietzsche, der Zarathustra dies: *Mitleid aber ist der tiefste Abgrund*[181] in den Mund legt, so bekennt Adorno im Schlusssatz seiner *Negativen Dialektik* seine Solidarität mit einer Metaphysik im Augenblick ihres Sturzes.[182] (Bemerkenswert ist die Resonanz zwischen Mitleid und Solidarität, die aus der gesamten Mitleidsthematik von Aristoteles über Kant bis Nietzsche den Ausweg weist.) Geschichtlich stellt er auf diese Weise die Figur des zu Spät und des Vergeblichen her, in ihr wird Denken zum Ausdruck einer ohnmächtigen Geste des Rettens, die im Kontrast zu Nietzsches Diktum nach dem, was fällt, auch noch gestoßen werden soll,[183] auch das Subjekt, auch den Stoßenden, miterfasst. Adorno, der wie Nietzsche diesen Sturz mitbetreibt, fügt zur Vergeblichkeit der Geste deren Widersprüchlichkeit. In ihr sind Schuld und Solidarität wie Macht und Ohnmacht ineinander. Sinn ergibt sie als Metapher einer Rebellion gegen die Ordnung der Zeit. Im Durchgang durch das Äußeste soll sich für ihn die Dramaturgie dieses Sturzes als radikale Metamorphose vollziehen.

»Nichts kann unverwandelt gerettet werden, nichts, das nicht das Tor seines Todes durchschritten hätte. Ist Rettung der innerste Impuls jeglichen Geistes, so ist keine Hoffnung als die der vorbehaltlosen Preisgabe: des zu Rettenden wie des Geistes, der hofft.«[184]

Ihr eschatologisches Moment zeigt solche Rettung im Paradox. Wie für Nietzsches Zarathustra zur Mitternacht am *Thorweg*,[185] der dunkelsten Stelle seines Werkes, die den Übergang der Vergangenheit in die Zukunft und Grenze zwischen Leben und Tod bezeichnet, so schließen sich am Mittag Augenblick und Ewigkeit zusammen in seinem verwunderten Ruf: *Falle ich nicht? Fiel ich nicht – horch! In den Brunnen der Ewigkeit?*[186]

---

[180] vgl. Adorno, GS, Bd. 2, Kierkegaard Konstruktion des Ästhetischen, S. 8
[181] vgl. Nietzsche, KSA, Bd. 4, Zarathustra III, S. 199
[182] vgl. Adorno, GS, Bd. 6, Negative Dialektik, S. 400
[183] Nietzsche, KSA, Bd. 4, Zarathustra III, S. 261
[184] Adorno, GS, Bd. 6, Negative Dialektik, S. 384
[185] vgl. Nietzsche, KSA, Bd. 4, Zarathustra III, S. 199 ff.
[186] a.a.O., Zarathustra IV, S. 344

In seinem Brief an Walter Benjamin vom 4. Mai 1938 berichtet Adorno von seiner Begegnung mit Scholem:

»Meine Neigung ist auf stärkste dort im Spiel, wo er sich zum Anwalt des theologischen Motivs Ihrer, und vielleicht darf ich sagen auch meiner, Philosophie macht …«[187]

Dies theologische Motiv, dessen Rechtsanspruch Scholem mit seinen detaillierten Untersuchungen zur Kabbala festigt, ist nichts anderes als der mystische Nihilismus, für den gnostisch »die Welt radikal böse und ihre Verneinung die Möglichkeit einer anderen, noch nicht seienden«[188] ist und für den Hoffnung auf Veränderung allein an Verfall und Vergehen hängen. Die Bewegung des Adorno'schen Denkens beschreibt den Weg weg vom Mythos des Immergleichen hin zu einer Mystik des Anderen, sodass Philosophie und Theologie wie auch Glaube und Atheismus in ihren radikalsten Äußerungen ineinander stürzen und das Ende der mythischen Gestalten besiegeln. Drastischer als im Sinnbild des Sturzes konnte Adorno seine Antithese zum Systemdenken nicht formulieren. Aufklärung konzipiert er als Machtverzicht und als die Antithese von Nietzsches Willen zur Macht. Aber dieses *Ende der Hierarchie der Intentionen* bleibt doch noch ganz dem linearen Schema von oben und unten verpflichtet. An einen freien Flug – wie Nietzsche im Traum, Stockhausen in seinem allen Astronauten gewidmeten Helikopterstreichquartett oder die Kinderspieldesigner des cyberspace, die die Gesetze der Schwerkraft längst aufheben – dachte Adorno noch nicht.

2.3 Minimalismus

Parallel zur *Dialektik der Aufklärung* gegen Ende des Zweiten Weltkrieges entsteht Adornos *Minima Moralia*. Behandelt erstere vor dem zeitgenössischen faschistischen Hintergrund die Urgeschichte des menschlichen Bewusstseins als invariable, anthropologisch-psychologische Konstante, so steht im Zentrum der *Minima Moralia* Erfahrung, als die persönliche Geschichte Adornos und der sensibilisierten subjektiven Befindlichkeit seiner Zeit.

---

[187] Henri Lonitz (Hrsg.), Adorno Benjamin Briefwechsel 1928–1940, Frankfurt a. M., 1995, S. 324
[188] Adorno, GS, Bd. 6, Negative Dialektik, S. 374

Zu dem extrem weit gefassten Zeitbegriff der *Dialektik der Aufklärung* kontrastiert in seiner Textsammlung *Minima Moralia* die extrem eng gefasste und in gewissem Sinne unmittelbare und individuelle Zeitkomponente der Erfahrung. Offensichtlich folgt Adorno darin seinem spontanen Impuls. Spontaneität wird darin so schwer genommen, dass sie gegen alle Spekulation, die die Vernunfttradition dem Begriff der Notwendigkeit zuschreibt, zum Versuch der Selbstversicherung gerät. Eine der zentralen Aussagen aus der *Dialektik der Aufklärung* besteht in jener an Sade anknüpfenden Behauptung, es gebe kein rationales Argument gegen Mord. Im Anschluss an die Radikalität dieser These, die das Misslingen der Vernunft postuliert, befestigt Adorno in der *Minima Moralia* die moralischen Regungen an der persönlichsten Wahrnehmung der ihn umgebenden Verhältnisse. Am Verarbeitungsstadium der einzelnen Textteile ist ihr dokumentarischer Gehalt ablesbar:

> »Auf die Frage, was man mit dem geschlagenen Deutschland anfangen soll, wüsste ich nur zweierlei zu antworten. Einmal: ich möchte um keinen Preis, unter gar keinen Bedingungen Henker sein oder Rechtstitel für Henker liefern. Dann: ich möchte keinem, und gar mit der Apparatur des Gesetzes, in den Arm fallen, der sich für Geschehenes rächt. Das ist eine durch und durch unbefriedigende, widerspruchsvolle und der Verallgemeinerung ebenso wie der Praxis spottende Antwort. Aber vielleicht liegt der Fehler schon bei der Frage und nicht erst bei mir.«[189]

Schwankend vom kunstvollen Aphorismus bis zum Eingeständnis moralischer Hilflosigkeit geht sie über ihre expressive Ästhetik der Verzweiflung hinaus und kündigt inmitten der Trümmer von Kultur und Moral bereits im programmatischen Titel jenes minimalistische Konzept an, das von da an für Adornos Gesamtwerk bis zum Ende eine Konstante bildet. Statuiert Nietzsche sein Pathos absoluter Distanz und Größe, setzt Adorno dem sein Pathos eines im Verschwinden Begriffenen und sich gleichwohl Behauptenden entgegen. So minimalistisch sich auch seine Strategie der Erzeugung einer geringst möglichen Differenz zwischen einander widersprechenden Positionen im Spätwerk darstellt, zielt

[189] Adorno, GS, Bd. 4, Minima Moralia, S. 62

er, indem er Antinomien produziert, die nur noch gesamtgesellschaftlich auflösbar wären, dennoch auf das Ganze. Wie im letzten Teil der *Negativen Dialektik*, in dem Adorno an drei Modellen sein dialektisches Konzept durchführt, nähert er Alternativen wie Glaube und Unglaube, Freiheit und Unfreiheit einander so weit an, bis sie die Perspektive auf eine Utopie jenseits ihres Widerspruches freigeben:

> »Jede drastische These ist falsch. Im Innersten koinzidieren die vom Determinismus und die von der Freiheit. Beide proklamieren Identität. Durch Reduktion auf reine Spontaneität werden die empirischen Subjekte demselben Gesetz unterworfen, das als Kausalitätskategorie zum Determinismus sich expandiert. Vielleicht wären freie Menschen vom Willen befreit; sicherlich erst in einer freien Gesellschaft die Einzelnen frei. Mit der äußeren Repression verschwände, wahrscheinlich nach langen Fristen und unter der permanenten Drohung des Rückfalls, die innere. Konfundiert die philosophische Tradition, im Geist von Unterdrückung, Freiheit und Verantwortung, so ginge diese über in die angstlose, aktive Partizipation jedes Einzelnen: in einem Ganzen, welches die Teilnahme nicht mehr institutionell verhärtet, worin sie aber reale Folgen hätte.«[190]

Mit seiner Kantkritik projiziert Adorno Autonomie und Kausalität in eine harmonistische Utopie, in der die Antinomie von Freiheit und Determination aufgehoben oder auf ein Minimum geschrumpft wäre.

Gegen Kant, der in der 3. Antinomie seine Betrachtungen von der Urheberschaft einer Kausalkette bis in die Gegenwart mechanistisch verlängert, spitzt Adorno die Kausalitätskategorie im Hinblick auf ihre Aktualisierbarkeit zu. Die Frage der Freiheit befestigt er nicht wie Kant am singularen Ursprung, sondern am Telos eines befreiten Ganzen. Im gesellschaftlichen Zustand *institutioneller Verhärtung*, den er seiner Zeit attestiert, würden die Auswirkungen von Willensäußerungen irreal, weil nicht absehbar. Und dies hätte nach Adorno die Konsequenz, dass die Freiheit des Willens zwar de facto bestünde, aber keinen Einfluss auf Folgen ausüben könnte und damit ad absurdum geführt würde.

[190] Adorno, GS, Bd. 6, Negative Dialektik, S. 261

Einer verwandten Einsicht gemäß, die Nietzsche wohl in einer schwachen Stunde heimsuchte, sagt er, der Wille bewege nichts mehr, erkläre folglich auch nichts mehr, er begleite bloß Vorgänge und könne auch fehlen.[191] Mit solchen Äußerungen wird die Freiheitsdiskussion auf die Stufe des Dilemmas eines dreijährigen Kindes gestellt, das, wenn es nicht im selben Augenblick erreicht, was es will, entweder in Wut ausbricht oder resigniert. Auch wenn dies Kleinkinddilemma hier keineswegs verharmlost oder abgetan werden soll, widerlegt eine einmalige Willensäußerung, die nicht sofort die gewünschte Wirkung erzielt, die Freiheit des Willens längst nicht. Im fortgesetzten Ausdruck des Willens findet eine Vermittlung zwischen dem Willen und der Wirklichkeit statt; ihre Pole bilden die Anpassung des Willens an die Wirklichkeit und die Anpassung der Wirklichkeit an den Willen. Den gesamten Spiel- und Gestaltungsraum zwischen diesen beiden Polen opfert Adorno einem pauschalisierenden Rückblick aus einer fiktiven, künftigen und wahrhaft freien Position. Seinen formalen Vorgaben treu bleibend verlegt er im dialektischen Prozess den Akzent vom Gedanken der Vermittlung[192] auf den Umschlag eines Extrems in sein Anderes. Das formale Prinzip der Nichtidentität wird aus dieser Perspektive als Selbstaufhebung der Freiheit interpretierbar, deren Inhalte entschwinden. Praxis und Ästhetik bieten die beiden Fluchtpunkte der Orientierung am Nichtidentischen. In der Sphäre der Musik ist für Adorno die Autonomie des Komponisten durch den Vorrang des Objektiven vor dem subjektiven Formwillen begrenzt. In seinem Vortrag *Wagner und Bayreuth* von 1966 rechtfertigt Adorno, im Hinblick auf Wagners Antisemitismus in den *Meistersingern*, eine Aufführungspraxis in Brüchen und postuliert die Ohnmacht des Autors gegenüber der Wirkung seiner Werke als Ideal:

> «Große Kunstwerke – Hegel hat das besser als jeder andere erkannt – werden es dadurch, daß sie sich von ihrem Autor und dem von ihm Gemeinten und Gewollten ablösen, verselb-

---

[191] vgl. Nietzsche, KSA, Bd. 6, Götzendämmerung, S. 91
[192] vgl. in diesem Zusammenhang auch Axel Honneth, Kritik der Macht, Frankfurt a. M., 1986, S. 88 ff., »Die eindringlichste Wendung, die Adorno für das Resultat dieses die Analyse dermaßen bannenden Vorgangs zu finden scheint, ist die des ›Endes der Vermittlung‹«

ständigen. Ihre Objektivität vermag auch gegen den Sinn des Autors sich durchzusetzen. Für wenige gilt das so sehr wie für Wagner.«[193]

Er behandelt die Äußerungen des Willens in der Kunst als autonome Objektivationen, die innerhalb eines Kausalzusammenhangs, entbunden von ihrer Genealogie, ein Eigenleben entfalten, über das der ursprünglich zugrunde liegende spontane Wille des Künstlers die Kontrolle verliert. Freiheit in der Kunst folgt dem dramatischen Muster eines Untergangs, indem sich das Subjekt objektiviert und indem es objektiviert wird.

Dadurch, dass Adorno, wie er im obigen Zitat selbst sagt, drastische Thesen ablehnt und sie an den Ort der minimalsten Differenz mit ihrer Antithese überführt, zielt er auf das Zentrum des Widerspruchs, den er als das Wesen der Dinge[194] im unversöhnten Ganzen versteht. Gerade im Kleinsten erkennt er die Antithese zum Ganzen, der er, gleich dem Schmetterlingseffekt, erstaunlich viel zutraut. Bereits im Kierkegaardbuch würdigt Adorno die Bedeutung des Geringsten in jenem Augenblick, indem Agnete den Nix ansieht.[195] Und dies kleinste Aufblitzen, das auch eine Entsprechung bei Benjamin findet, in dessen Konzeption der Jetztzeit, bleibt für Adorno ins Spätwerk hinein wichtig:

»An einem Minimalen wird es als Ganzes zuschanden, weil seine Prätention das Ganze ist.«[196]

Das Selbstbewusstsein, das sich zu stark glaubt und sich selbst als Totalität erfährt, gerät nicht wegen der großen Schicksalsschläge aus dem Gleichgewicht, wegen geringster Störungen fängt es an zu bröckeln. Kleinste Unannehmlichkeiten lösen ihm die schwersten Krisen aus, die umso gefährlicher sind, als ihre Ursache kaum auszumachen, eigentlich lächerlich und nicht der Rede wert scheint. Nietzsche, der diesen Zustand kannte, sagt im *Zarathustra*:

---

[193] Adorno, GS, Bd. 18, Musikalische Schriften 5, S. 213
[194] vgl. a.a.O., Bd. 6, Negative Dialektik, S. 169
[195] a.a.O., Bd. 2, Kierkegaard Konstruktion des Ästhetischen, S. 172
[196] a.a.O., Bd. 6, Negative Dialektik, S. 184

»Ich liebe den, dessen Seele tief ist auch in der Verwundung, und an dem kleinsten Erlebnisse zu Grunde gehen kann: so geht er gerne über die Brücke.«[197]

Aus solcher Perspektive erhalten Titel wie Form der *Minima Moralia* ihr Gewicht. Stellt sich Adorno auch auf die Seite des Kleinsten, so doch immer eingespannt in dessen Verhältnis zur Makrostruktur des Denkens; sein Minimalismus ist demnach hochdialektisch. Die Texte sind in einer persönlichen und auf den ersten Blick lockeren Form verfasst. Sie knüpfen vom amerikanischen Exil aus an jener aufklärerischen europäischen Tradition von Essay und Aphorismus an, die auch Nietzsche meisterhaft pflegte. Drei Themen, jeweils engstens mit der Frage nach dem zeitgenössischen Subjekt verbunden, ergeben sich als Problembereiche. Zum einen die bewusste Verabschiedung des bürgerlichen Subjekts, dann: moralische Regungen ziehen sich vor dem Hintergrund seiner Zeit auf die einzelne Person zusammen, und schließlich: das Verhältnis von Besonderem und Allgemeinem, hier bezogen auf das Verhältnis von Individuum und Gesellschaft.

Adorno behandelt diese Bereiche nicht systematisch, von oben herab, die Problematisierung des Subjekts ist in jeden Gedanken eingewandert. Nicht nur das Subjekt als abstrakter Begriff theoretischer Erkenntnis steht auf dem Spiel, unmittelbar präsent ist auch dessen Hintergrund, und das Subjekt ist das Subjekt von Kultur. War es bis zum Zweiten Weltkrieg innerhalb seiner geschichtlichen und gesellschaftlichen Stellung als Bürger bestimmt, so ist dieser bürgerlichen Verfassung durch die Ökonomisierung und Vermassung aller Lebensbereiche in Adornos Augen der Boden entzogen. Walter Benjamin stellt diese Einsicht ins Zentrum seines *Passagenwerkes*. Nicht mehr der Salon, der geschlossene Raum als Ort der Begegnung, sondern die Orte des Durchgangs und die Warenwelt der Passagen, deren Geschwindigkeit und Flüchtigkeit ihren Kontrapunkt im Flaneur finden, rücken ins Zentrum der Aufmerksamkeit. Nach dem Ende der bürgerlichen Ära befindet sich Adorno zufolge das Individuum in einem Stand der Atomisierung, indem auch die moralische Konvention ihre Verbindlichkeit verliert. Wenn Pippi Langstrumpf die Frage nach der wirklich feinen Dame mit der ganzen Abgründigkeit, die dieser Frage gebührt, 1945 in Schweden auf-

---

[197] Nietzsche, KSA, Bd. 4, S. 18

wirft, bearbeitet sie denselben Topos und bezieht in der Beschwörung gemeinsam mit ihren Freunden Stellung:

> »Liebe kleine Krummelus,
> niemals will ich werden gruß!«[198]

Sich in die so genannten Unvermeidlichkeiten der Welt nicht schicken, nicht »gruß« werden wollen: darin steht Pippi Adorno so nahe wie Nietzsches Narr. Peinlich, wer in solcher Haltung Nihilismus wittert. Über Adorno wie über Nietzsche ist vom systematischen Gesichtspunkt – das hieße von Pippis Situation: vom Erwachsenstandpunkt aus – nur Missverständnis produzierbar. Von diesem Ansatz der Umwertung aus sucht Adorno die moralischen Regungen unmittelbar im sensitiven Apparat des Individuums auf. Aufschlussreich im Hinblick auf die Bedeutung des Individuationsprozesses bei Adorno ist der Kontrast zu Nietzsche: War Nietzsches Loslösung von freundschaftlichen, intellektuellen und moralischen Bindungen als Tabula rasa für sein eigenes Schaffen individuell und stellte Nietzsches Distanzierung insgesamt einen avantgardistischen Prozess der Selbstbefreiung dar, so entstanden dagegen Adornos Essays und Aphorismen aus der *Minima Moralia* unter äußerer Gewalt und aufgenötigt durch die geschichtlichen Umstände. Über die Distanz des erzwungenen Exils findet er seinen eigenen Stil und erschließt sich von da aus sein Potenzial an Motiven und Formen, mit denen er wie an mikroskopisch kleinen Kristallisationspunkten zum wissenschaftlichen Betrieb wie zur gesellschaftlichen Realität in Stellung geht, indem er den Gedanken der Aufklärung für seine Zeit aktualisiert. Dennoch ist Adornos Werk von einer großen Homogenität bestimmt und unter dem Einfluss von Nietzsche antizipiert Adorno bereits im Kierkegaardbuch mit seiner Totalitäts- und Identitätskritik philosophisch die Schrecken des Faschismus.

3 Naturgeschichte

Adorno und Horkheimer nehmen das Urteil über den Stand des Bewusstseins stark zurück und bezeichnen alle bisherige Geschichte als Manifestationen einer Vor- und Urgeschichte des menschlichen

---

[198] Astrid Lindgren, Pippi Langstrumpf, Hamburg, 1987, S. 388

Bewusstseins. Der Standort, von dem aus diese Abwertung möglich ist, ist Auschwitz. Ihre Frage, wie Geschichte nach Auschwitz überhaupt noch möglich sein soll, ist diejenige Position, von der aus nach einem Maß außerhalb aller Prähistorie Ausschau gehalten wird. Adorno will in der Naturbeherrschung nichts als eine Form der Naturverfallenheit wahrnehmen. Sie befestigt, im Bestreben, eine Machtposition gegenüber der inneren und äußeren Natur des Menschen zu erlangen, den Kampf ums Überleben. So ist er gegenüber Nietzsches Umwertung gespalten, sie bildet für ihn über weite Strecken nichts anderes als den Naturzusammenhang, den Nietzsche in der *Genealogie der Moral* für die ungebrochen in der Herrenmoral wirksame Triebkraft ausgibt. Postuliert Nietzsche noch den Bruch mit Schopenhauer, indem er Schopenhauers Willen zum Überleben zu seiner Konzeption des Willens zur Macht steigert, so betonen Adorno und Horkeimer unter dem Eindruck des Zweiten Weltkrieges im Einklang mit Schopenhauer jenes Kontinuum des bloß kreatürlichen Lebensanspruches, das sich im Innern jedes Machtanspruchs fortsetzt. Weil Horkheimer und Adorno in der *Dialektik der Aufklärung* jedes Machtverhältnis als ein bloßes Naturverhältnis, das das Recht des Stärkeren befestigt, bewerten, können sie die Geschichte der Menschheit auf Naturgeschichte reduzieren und in dieser Form ihrer pauschalen Kritik unterziehen. Dabei verkürzen sie aber Nietzsches Arbeit zum Machtbegriff, nach der die Kulturgeschichte die Geschichte des Kampfes um Macht darstellt, wesentlich.

Im Hinblick auf die *Genealogie der Moral,* in der Nietzsche seinen Machtbegriff am provozierendsten, in seiner gesellschaftlichen Konsequenz, hinstellt und ausschmückt, lohnt es sich, zwei unterschiedliche Lesarten zu üben: eine analytische und eine synthetische.

Der synthetischen Variante zufolge s o l l sich der Wille zur Macht zu jenem hierarchischen, im Wesentlichen dreigliedrigen Gefüge aus den vielen Herdenmenschen, den wenigen Herren und den verschiedenen Verfechtern asketischer Ideale konstituieren. Diese Konstruktion besteht nach Nietzsche als die exakte Entsprechung jener moralischen Wertehierarchie, die der Steigerung, der Aufklärung und der Differenzierung des Willens zur Macht dient.

Nach der analytischen Lesart i s t der Wille zur Macht aus jenem im Wesentlichen dreigliedrigen Gefüge aus den vielen Herdenmenschen, den wenigen Herren und den Verfechtern asketischer Ideale zusammengesetzt. Weil, so Nietzsche, die Verfechter asketischer Ideale, die Frauen, Künstler, Sozialisten und Priester den Willen zur Macht, im Interesse ihrer eigenen Machtgelüste, verbiegen, dienen diese Ideale der Unterdrückung, der Verschleierung und der moralischen Verurteilung dieses Willens. Sie stören die Machtordnung, die Nietzsche vorschwebt.

Folgt man Nietzsche, dann ist in der synthetischen Lesart die Macht das Geld der Moral und aus der analytischen Perspektive die Macht ihr vorgebliches Falschgeld. Folgt man Nietzsche nicht, indem man zum Beispiel Moral nicht wie er hierarchisch konzipiert, ergeben sich ganz andere Werte.

Bezogen auf das Verhältnis von Natur und Geschichte ist die Entscheidung, ob soziale Strukturen als Kulturleistung oder nach einem biologischen Modell beurteilt werden sollen, nach wie vor akut: Parallel zu Maturanas und Varelas Begriff der Autopoiesis, der von beiden Autoren anfänglich als biologischer Begriff gedacht war und für das Potenzial der Selbstentfaltung lebender Organismen[199] stand, wurde Autopoiesis zum universalen Muster umfassender systemtheoretischer Erwägungen. Ausgeweitet zum universalen Interpretationsschema, das für alle menschlichen und tierischen Organismen und Organisationsformen gleichermaßen gelten soll, wird damit die Unerheblichkeit des Bewusstseins zur Norm erhoben. In seinem Vorwort zu Joachim Bergmanns Analyse *Die Theorie des sozialen Systems von Talcott Parsons*[200] merkt Adorno kritisch an, die strukturell-funktionale Theorie sehe davon ab, ob die Logik der Selbsterhaltung sozialer Systeme menschlichen Zielsetzungen und Interessen gehorche.[201] Wenn aber Adorno, der Antisystematiker, mit den Systemtheoretikern dazu tendiert, alle bisherige Geschichte der Menschheit als prähistorisch abzutun, so impliziert dies agitatorische Moment von Adornos Untertreibung gegen den Anspruch der Systemtheorie berechtigte Kritik.

Für den Einzelnen ist in Adornos Augen keine positiv bewertbare Machtkonstellation möglich, weil er das Individuum nicht aus des-

---

[199] Humberto Maturana und Francisco Varela, Autopoiesis and cognition, Dordrecht, 1980
[200] in: Frankfurter Beiträge zur Soziologie 20, Frankfurt a. M., 1967
[201] Adorno, GS, Bd. 20.2, Vermischte Schriften II, S. 670

sen gesellschaftlichen Zusammenhang herausisoliert. Viel zu sehr sind für sein Denken Individuum und Gesellschaft *durcheinander* vermittelt. Allerdings wird in der Masse, die das Individuum gleichzeitig atomisiert und negiert, diese Vermittlung brüchig. Erst im versöhnten Ganzen, in dem individueller und gesellschaftlicher Wille konvergierten, wäre nach Adorno die Vorstellung persönlicher Macht in der Form von Kompetenz und der Möglichkeit umfassender Wirksamkeit einlösbar und die vorgeschichtliche Phase des menschlichen Bewusstseins überwunden. In dieser Extremperspektive würden für Adorno gesellschaftliche Macht und individuelle Freiheit vereinbar. Erst der Fluchtpunkt, den er in seinem *Versuch über Wagner* in der Schrift *Die musikalischen Monographien* ausspricht, nämlich erst dies: *Ohne Angst Leben*[202] – das hieße: ohne die Gefahr von Repression und ohne Mangel leben – würde für Adorno einen positiven Horizont für die Entfaltung von Macht eröffnen und ihre Idee gleichzeitig, in ihrer bestehenden Form, aufheben.

Der Instinkt, bei Nietzsche das Ja-sagende Organ, folgt seiner eigenen Logik des Ja und kehrt eben darin auch seinen nihilistischen Aspekt hervor. Wer sein Ja zu allem spricht, schwimmt eben mit dem Strom und im Märchen trifft der kleine Prinz den König, der sich beeilt, alles, was geschieht, noch vorher zu befehlen. Dabei zeigt sein Einverständnis die Strategie, seine Ohnmacht zu vertuschen. Adorno begrüßte den technischen Fortschritt, wo er der marxistischen Theorie zufolge die ökonomische Bedingung für die Abschaffung von Ausbeutung und Sklaverei bietet. In der Formel vom Reichtum ohne Freiheit bringt er aber seine Kritik auf den Punkt. Die blasse Ahnung von der Entfesselung des technischen Spieltriebes und der künstlichen Intelligenz, die heute weit ins menschliche Sensorium hineingreift, war zu seiner Zeit der science fiction und nicht der Philosophie vorbehalten; und so verstand er Kultur und Fortschritt streng anthropologisch:

»Nicht um die Konservierung der Vergangenheit, sondern um die Einlösung der vergangenen Hoffnung ist es zu tun«[203].

---

[202] Adorno, GS, Bd. 13, S. 145
[203] a.a.O., S. 15

Er entwirft in seinen philosophischen Schriften keine positiven Utopien und knüpft statt dessen sein Ziel an die Erwartungen früherer Generationen. Dieses Verfahren entspricht der jüdischen Tradition, in der er zweifellos steht. Sie verbietet den Juden, in die zu Zukunft zu schauen. Wenn Hoffnung bereits als dieser Blick in die Zukunft gilt, der dem Bilderverbot unterstellt ist, dann formulieren ihn nur jeweils die vergangenen für die kommenden Generationen. In einem letztlich doch auch durch die jüdisch-christliche Tradition vermittelten und verwandten Zusammenhang bewegt sich Nietzsches Selbstreflexion über Zarathustra in der autobiographischen Schrift *Ecce homo*:

»Zarathustra bestimmt einmal, mit Strenge, seine Aufgabe – es ist auch die meine –, daß man sich über den *Sinn* nicht vergreifen kann: er ist *jasagend* bis zur Rechtfertigung, bis zur Erlösung auch alles Vergangen.

Ich wandle unter Menschen als unter Bruchstücken der Zukunft: jener Zukunft, die ich schaue.

Und das ist all mein Dichten und Trachten, daß ich in eins dichte und zusammentrage, was Bruchstück ist und Rätsel und grauer Zufall.

Und wie ertrüge ich es, Mensch zu sein, wenn der Mensch nicht auch Dichter und Rätselrater und Erlöser des Zufalls wäre?

Die Vergangenen zu erlösen und alles ›Es war‹ umzuschaffen in ein ›So wollte ich es!‹ – das hieße mir erst Erlösung.«[204]

Die Annahme eines erst noch herzustellenden Sinnzusammenhanges der Geschichte, dessen Möglichkeit jenseits jeder Unmittelbarkeit besteht, vermittelt zwischen beiden Denkern. Auch wenn Nietzsche sich die Zukunftsperspektive nicht grundsätzlich verbietet wie Adorno, ist sein Blick in die Zukunft durch einen aus der Vergangenheit stammenden eschatologischen Anspruch motiviert. Die Geschichte der Menschheit und des einzelnen Individuums versteht er als die profane Version einer Heilsgeschichte, die ihren Segen über den Abgrund der Wahrheit spricht. Die Idee umfassender Heilung gilt ihm darin als die zentrale Kategorie von

[204] Nietzsche, KSA, Bd. 6, S. 348

Erkenntnis und ihre äußerste Geste, die Bejahung der ewigen Wiederkunft, wird für Nietzsche zum Prüfstein der Liebe zum Fatum. Geschichtsphilosophisch verstanden ist solche Totalität das Ende von Geschichte. Nietzsches ewige Wiederkehr bedeutet demnach, dass nichts Neues mehr hinzukommt und dass es keinen Fortschritt mehr geben wird. Der einzig noch mögliche Fortschritt bestünde für den, der um die ewige Wiederkunft weiß, im Gestus der Distanz, die erhöhte Position eines Gottes gegenüber der Geschichte einzunehmen, sie als Schauspiel aufzufassen und nicht an ihr zu leiden, sondern sie stattdessen zu begrüßen. Wiederholt bezeichnet Adorno in einer geschichtsphilosophischen Variante des oben zitierten Satzes aus der *Dialektik der Aufklärung* Nietzsche als den Vollender der Aufklärung; und gegen diese Vollendung im Gedanken der ewigen Wiederkehr setzt Adorno sein: Nie wieder Auschwitz.

> »Hitler hat den Menschen im Stande ihrer Unfreiheit einen neuen kategorischen Imperativ aufgezwungen: ihr Denken und Handeln so einzurichten, daß Auschwitz nicht sich wiederhole, nicht Ähnliches geschehe.«[205]

Verteidigung offenen Denkens bedeutet ihm, der diese Vollendung *im Stande der Unfreiheit* existenziell nur als Hölle denken kann, dialektische Orientierung am Nichtidentischen.

---

[205] Adorno, GS, Bd. 6, Negative Dialektik, S. 358

Grenze

Die Topographie des Möglichen folgt der Idee der Grenze. Bezeichneten für Kant die Antinomien die Schranken des Denkbaren, so begriff bereits Hegel, gegen Kant, die Grenze von Etwas jeweils im Verhältnis zu dessen Anderem als Grenzüberschreitung. Adorno leitet den asystematischen Impuls dieser dialektisch interpretierten Grenze kritisch weiter, indem er wie sonst nur Nietzsche das Äußere seiner Kategorien erprobt. Mit Methoden wie dem Minimalismus und der Übertreibung negiert er den, in seinen Augen, totalen Anspruch des zum Verblendungszusammenhang geronnenen, absoluten Weltgeistes.

Alle Geschichte präsentiert ihm nur noch die Ablagerung einer Menschheitsurgeschichte, deren Zusammenhänge, auch in ihren komplexesten ökonomischen Bereichen, auf die naturgeschichtliche Macht des Stärkeren reduziert werden. Und daraus wird die Antithese für jene Utopie gewonnen, die jenseits eines von Furcht und Schrecken geprägten Macht-Ohnmacht-Zusammenhangs dem radikal verstandenen Bilderverbot unterstellt ist. Und wenn Adorno doch Bilder denkt, dann negativ, wie dies für sein Werk zentrale – entgrenzte – Bild des Abgrunds. Wie die Idee der Grenze vielfältige, ineinander übergehende, dialektische Deutungsmuster evoziiert, so auch dies Bild des Abgrunds: Nietzsches dionysischer Abgrund des Lebens, Zerstückelung und ewige Wiederkehr, Zarathustras Fall in den *Brunnen der Ewigkeit*, Kierkegaards Eisenbahnbrücke, die über den Abgrund führt, und die Schönheit des in die Tiefe führenden Strudels in Poes *Maltstrom*, den Adorno in der Widmung des Kierkegaardbuchs zitiert. Und auch Lukács' Betitelung der Frankfurter Schule als »Café Abgrund«, mit der er die (wie Nietzsche sagen würde: *lächelnde*) Wahrheit ausspricht, dass der proklamierte Sturz doch nur schlecht lebbar wäre; all diese Motive problematisieren im Umkreis von Adornos Denken die Frage nach dem ontologischen Gottesbeweis. Adorno, mit seiner Frage an Scholem, ob der Stufenbau der Symbole nicht einen bodenlosen Sturz vorstelle,[206] verwischt dieses Grundmotiv in seinem Werk geflissentlich, will er doch als Philosoph und nicht

---

[206] Rolf Tiedemann (Hrsg.), Frankfurter Adorno Blätter, München, 1992, S. 146

als Theologe dastehen. Und nur als streng Gehütetes hält es für ihn noch seine transzendente Dynamik aufrecht. Selbst das Bilderverbot treibt Adorno ins Extrem: Im Sinne seiner negativen Dialektik wird es Methode und Tabu zugleich. Gemäß dem Reiz des Verbotenen werden Nichtgesagtes und Aussparung ebenso relevant für seinen Ausdruck wie das Gesagte und die mit Nietzsche geteilte *Vertraulichkeit der Namen.*[207]

Adorno treibt, in der Folge von Nietzsche, die Abwendung vom theomorphen, am Absoluten orientierten Erkenntnisideal voran und erschließt eine anthropomorphe, am Menschen ausgerichtete, Erkenntnisstruktur. Indem Nietzsche im Denken die menschlichen Verhältnisse, *den personenbildenden und personendichtenden Trieb*[208] auf allen Abstraktionsstufen der Erkenntnis reproduziert, erreicht er eine Klarheit über Macht- und Ohnmachtsstrukturen, die für das Denken zwar keine Lösungen, aber doch neue Räume eröffnen, in denen Logik als die Logik der zwischenmenschlichen Verhältnisse entfaltet wird. Insbesondere erfährt der Begriff des Subjekts in diesem Prozess die radikale Wandlung: weg von einer rein geistigen, als gottähnlich angenommenen Stufe der Erkenntnis, hin zu einem Subjekt unter vielen, eingespannt in die Immanenz der gesamten profanen Umstände. Vergeblich beschwor Nietzsche mit dem Gedanken der ewigen Wiederkehr noch einmal den einen göttlichen Zuschauer und die Einheit des theatrum mundi – das vorher Gedachte hatte längst seine Wirkung getan – und dieser Zuschauer ist ebenso göttlich wie ohnmächtig.

Nietzsches Kosmos des Lebendigen im Denken, den er im *Zarathustra* anschaulich mit den unterschiedlichen Typen und Tieren vorführt, wird von Adorno um die Einsicht in die Mimesis des Menschen ans Tote und Dinghafte ergänzt. Ersichtlich ist in dieser Bewegung von Gott zum Menschen, vom Menschen zum Tier, vom Tier zum Toten und vom Toten zum Ding kein Halten. Adorno hält minimalistisch am Etwas fest und verschmäht das Nichts. In diese Reihe, die nur das Pflanzenhafte auslässt, bringt er mit diesem Etwas, wie einen Rettungsanker, der den Sturz ins Nichts aufhalten soll, seinen materialistischen Hintergrund ins Denken mit ein – und seinen Hang für's Extrem, mit dem er sich an seine kabbalistische Vorliebe zum Kleinsten hält. Der halb von

---

[207] Nietzsche, KSA, Bd. 4, Zarathustra I, S. 42
[208] vgl. Nietzsche, KSA, Bd. 2, Menschliches, Allzumenschliches, S. 389

Adorno, halb von Nietzsche stammende Satz, *Erlösung meine die Liebe zu den Dingen*,[209] entspricht einer solch paradoxen Stellung zum Materialismus. In der gesamten, ins Profane gewendeten Mimesisthematik, wird die traditionelle Vormachtstellung des denkenden Subjekts fragwürdig. Das Subjekt, das sich einem anderen anähnelt, gibt ja seine eigene Identität teilweise auf. Und eben dies strebt Adorno an. Breitet er über Identität, als ein sich selbst gleiches, geistiges Paradigma das Bilderverbot, wird der göttliche Name bei ihm zur konsequent umschriebenen Leerstelle. Und wenn Adorno von der Identitätsproblematik aus die gesamte Ökonomie in Frage stellt, erkennt er im Tauschprinzip dies Gleich für Gleich wieder, das im Identitätsprinzip als Inbegriff des Abstraktionsvorganges, bei dem Nichtidentisches identisch gemacht wird, als eine die Dinge auf ihren Tauschwert reduzierende Anmaßung vorherrscht. Seine Kritik von Identität wendet sich demnach gegen zwei Richtungen: eine geistige, ihrer Tendenz nach das Subjekt absolut setzende; und eine andere, materialistische, das Objekt herabsetzende. Nur im Schenken und im Irrationalen des dionysischen Überflusses ist der beschneidende, im Prinzip des Mangels begründete Austausch überwindbar. Und solche, streng von Nietzsche inspirierte Asymmetrie teilt Adornos Denken einen antisystematischen Impuls an dessen Freiheit und Glück mit.

1 Die Dinge oder die objektive Grenze des Denkbaren

Mit seiner Radikalisierungstendenz macht Adorno auch vor dem Marx'schen Materialismus nicht Halt; vor allem seit ihm dessen Positionen überholt scheinen. So formt er ihn in eine zugespitzte epistemologische Form um, bei der er die Materie als die Objektseite im Erkenntnisakt deutet. Der in seinem Denken eminent wichtige Begriff des Dinges vertritt den Gegenstand der Erkenntnis, ähnlich wie in der hegelschen Philosophie das Objekt gegenüber dem Subjekt gedacht ist, und doch bringt ihn Adorno in eine Konstellation, die auch die marxistische Konnotation von *Ware* und deren Fetischcharakter, Kants Ding an sich und die Natur mit einbegreift. Diesem auseinander strebenden Bedeutungsspektrum

---

[209] vgl. S. 104 f.

ist das Undurchdringliche der Dinge, in Adornos Worten: deren Nichtidentisches, von der Ratio nicht Erfassbares und niemals vollständig Identifizierbares, gemeinsam. Alle besonderen Eigenschaften der Dinge werden dabei im Ordnungsschema der Vernunft als akzidenziell abgetan. Erst von den Dingen abgesondert können sie wieder Gegenstand der Einzelwissenschaften werden. Adorno sieht in solchem wissenschaftlichen Vorgehen wie Nietzsche einen Akt umfassender Machtausübung der Ratio über die Dingwelt.

Indem Adorno den Begriff des *Dinges* statt denjenigen des Objekts benützt, versucht er diesen von ihm kritisch reflektierten Machtaspekt rückwärts wieder aufzurollen und den *Vorrang des Objekts* vor dem subjektiven Erkenntnisanspruch zu installieren. Mit der Gleichsetzung von Machtausübung und Erkenntnis trägt er eine anthropomorphe Struktur in die Ratio hinein, die bereits bei Nietzsche begegnet.

> »Das Gegebene ist in seiner armen und blinden Gestalt nicht Objektivität, sondern bloß der Grenzwert, dessen das Subjekt im eigenen Bannkreis nicht ganz Herr wird, nachdem es das konkrete Objekt beschlagnahmte.«[210]

Mit diesem vermenschlichenden Objektansatz korreliert ein verdinglichender Subjektansatz, so dass die Distanz von Objekt zu Subjekt auf ein Minimum schrumpft oder sich beide gar durchdringen. Adorno kommt negativ oder anders gesagt: kritisch gegenüber den bestehenden Abgrenzungen zur Autointerpretation; wie Nietzsche mit jener Sentenz, die besagt, erst am Ende der Erkenntnis aller Dinge werde der Mensch sich selber erkannt haben, denn die Dinge seien nur die Grenzen des Menschen.[211] Bezogen auf die Seinsstufung des mittelalterlichen Ordo bewegen sich solche Gedanken nicht aufsteigend, in Richtung zunehmender Abstraktion, sondern absteigend, in Richtung der Dinge oder der Materie. Halt erlangen sie bei Adorno erst wieder durch ihren geschichtlichen und kulturellen Zusammenhang. Und aus der Bedingung ihrer Verflochtenheit können sie sich auch dem Betrachter erschließen. Dass Adorno seine denkerischen Sequen-

---

[210] Adorno, GS, Bd. 6, Negative Dialektik, S. 188
[211] vgl. Nietzsche, KSA, Bd. 3, Morgenröthe I (48), S. 53

zen als Modelle bezeichnet, lässt den Rest von Willkür nicht verschwinden, sondern nimmt ihn in sein Denken anerkennend mit hinein. Diese Einbeziehung trägt der Wahrheit Rechnung, nach der die Dinge sich nie ganz zu erkennen geben. Ihr Undurchdringliches schreibt er ihrem geschichtlichen Gehalt zu. Verzichtet er auf den logischen Gestus der definitorischen Einordnung der Dinge ins Denken, so rekonstruiert er stattdessen das Beziehungsgeflecht, indem die Stellung der Dinge zueinander Sinn ergibt, wie in den oben bereits beschriebenen Konstellationen.

Adorno behandelt das Feste, Tote, Dinghafte als Aggregatzustände des Lebendigen und des Geistes. Die Grenzen zwischen Lebendigem und dem Dinghaften verfransen in seinem Denken. Ebenso wie er die Dinge mit dem Vermögen der Sprache belehnt: sich von sich aus zu äußern,[212] verdinglicht sich das Lebendige unter dem Einfluss von Gewalt und Furcht oder im Tod, der es »buchstäblich in Dinge verwandelt«.[213] Adorno verhandelt den Begriff der Verdinglichung an den Berührungsstellen von Subjekt und Objekt. Er überträgt ihn ebenso auf den Geist wie auf die Stereotypen des arbeitsteilig gestalteten Arbeitsprozesses und auf den Abdruck von Angst. Kommensurabel werden ihm all diese das Leben reduzierenden und verneinenden Aspekte durch Macht, Ohnmacht und Furcht, die das Subjekt erleidet:

> »Die Dinge verhärten sich als Bruchstücke dessen, was unterjocht ward; seine Errettung meint die Liebe zu den Dingen.«[214]

Mit solcher Konzeption wird Adornos Materialismus abgründig. In dieser wahrhaft kryptischen Stelle zitiert Adorno Nietzsche, dessen Wendung »Liebe zu den Dingen« aus der *Morgenröthe* stammt. Und eigentlich ist Adornos Satz als die Auslegung von Nietzsches *Don Juan der Erkenntnis* zu verstehen.

> »E i n e F a b e l. – Der Don Juan der Erkenntnis: er ist noch von keinem Philosophen und Dichter entdeckt worden. Ihm fehlt die Liebe zu den Dingen, welche er erkennt, aber er hat

---

[212] vgl. Adorno, GS, Bd. 6, Negative Dialektik, S. 165
[213] Adorno, GS, Bd. 6, Negative Dialektik, S. 363
[214] Adorno, GS, Bd. 6, Negative Dialektik, S. 191

Geist, Kitzel und Genuss an Jagd und Intriguen der Erkenntnis! – bis an die höchsten und fernsten Sterne der Erkenntnis hinauf! – bis ihm zuletzt Nichts mehr zu erjagen übrig bleibt, als das absolut W e h e t u e n d e der Erkenntnis, gleich dem Trinker, der am Ende Absinth und Scheidewasser trinkt. So gelüstet es ihn am Ende nach der Hölle, – es ist die letzte Erkenntnis, die ihn v e r – f ü h r t. Vielleicht, dass auch sie ihn enttäuscht, wie alles Erkannte! Und dann müsste er in alle Ewigkeit stehen bleiben, an die Enttäuschung festgenagelt und selber zum steinernen Gast geworden, mit einem Verlangen nach einer Abendmahlzeit der Erkenntnis, die ihm nie mehr zu Theil wird! – denn die ganze Welt der Dinge hat diesem Hungrigen keinen Bissen mehr zu reichen.«[215]

Die bestürzende Selbstauslegung Nietzsches antizipiert den Zustand seiner letzten zehn Lebensjahre als Selbstauslöschung. Der Denker, der sich nicht als Liebhaber der Weisheit versteht, sondern als der Don Juan der Erkenntnis, geht bei lebendigem Leib durch die Hölle. Nach Nietzsche gemahnt Adorno die Philosophie in einer überrationalisierten Welt noch einmal, wenn auch nicht an die Liebe zur Weisheit, so doch an die Liebe zu den Dingen, die er erkennt. Der Don Juan der Erkenntnis, mit dem sich Nietzsche identifiziert, prägt die Subjekt-Objekt-Beziehung von vornherein als ein Verhältnis der Enttäuschung aus, das, bloß negativ, dazu dient, den Schein, oder in Benjamins Terminologie die Aura, die den Dingen anhaftet, zu zerstören. Hier rächt sich Nietzsches Konzept der Wahrheit als Abgrund: Weil er die Wirklichkeit mit einem großen Anteil Schein ausstattet, damit sie ihn verdecke, kann er Erkenntnis jeweils nur als Enttäuschung denken.

Wenn aber Adorno bei der Erkenntnis der Dinge ansetzt, versucht er ihnen etwas über ihre Verhärtungen zu entlocken und die Reduktion innerhalb der Prozesse der Ratio rückgängig zu machen. In diesem Sinn spricht er in einem Brief an Benjamin von dessen »entscheidenden Worten über den Sammler und die Befreiung der Dinge vom Fluch nützlich zu sein ...«[216] Wenn Adorno den biblischen Ausdruck Fluch auf die Dinge anwendet, überträgt er

---

[215] Nietzsche, KSA, Bd. 3, Morgenröthe, Aphorismus 327, S. 232
[216] Henri Lonitz (Hrsg.), Theodor W. Adorno Archiv, Theodor W. Adorno Walter Benjamin Briefwechsel 1928-1940, Frankfurt a. M., 1994, S. 138

mit Benjamin einmal mehr menschliche Verhältnisse auf die Dingwelt und assoziiert dabei eine kosmologische Einheit, die Lebendes und Totes gleichermaßen einbezieht. Das Wesen der Dinge, als Beseelte, wäre für Adorno erst vom Standpunkt der Erlösung aus erkennbar und ist deshalb nicht erkennbar. Und dennoch baut dies Messianische durch den materialistischen Impuls, der von Adornos Denken ausgeht, eine starke paradoxe Spannung auf. Unerwartet, wie er gerade Nietzsche, verdeckt, in dies Verhältnis einfügt.[217] Die These, Adorno hätte seine eigenen Texte nach dem Vorbild der Dinge im utopischen Stand gemodelt, verhilft zu einer Vorstellung von der Komplexität seines Denkens als Objektivation des Subjektiven. So entziehen sich seine Schriften wie die Dinge der vollständigen Erkenntnis, ihr Nützlichkeitsfaktor liegt nicht auf der Hand und: Sie gehören der Gegenwelt an.

In der von Adorno implizit mitgedachten Annahme, die Dingwelt befinde sich unter der Einwirkung unheilvoller Mächte in einem Zustand, in dem sie auf Erlösung warte, ist eine märchenhafte Welt aufgeschlossen, in der alles möglich ist. Und doch ist die Anerkennung eines Dings als ein für sich Bestehendes, das dem menschlichen Anspruch universaler Verfügungsgewalt entzogen ist, keine irrationale Forderung. Nicht jeder kann alles benutzen. Bereits die bestehende Eigentumsordnung entzieht die Dinge der allgemeinen Nutzbarmachung. Irrational wäre sie nur bezogen auf die ökonomische Doktrin, für die die Dinge nichts anderes als potentielle Waren, Rohstoffe oder Werkzeuge wären. Für Adorno besteht die Kritik der ökonomischen Verhältnisse nicht in der Frage nach Kapitalismus oder Kommunismus, sondern im Verhältnis der Menschen zu den Dingen. Die Befreiung der Dinge vom *Fluch ihrer Nützlichkeit* erforderte einen allgemeinen Überfluss, die Einrichtung einer␣überökonomischen Sphäre.

Wie Adorno die strikte Trennung von Subjekt und Objekt im Erkenntnisakt negiert und beide als jeweils miteinander vermittelte Momente begreift, deutet er auch Materie und Geist in Korrespondenz über das Tote – entlang der Verdinglichung. In der Dialektik der Dinge wiederholt er die Objekt-Subjekt-Spannung, nach

---

[217] Er hat dies Verfahren der Montage von Thomas Mann übernommen, aber auch von Nietzsche selbst; vgl. Christoph Gödde und Thomas Sprecher (Hrsg.), Theodor W. Adorno / Thomas Mann: Briefwechsel 1943–1955, Frankfurt a. M., 2002, Manns Brief vom 30.12.1945

der der Geist die Mimesis an die Dinge in deren Unterwerfung vollzieht: Erstarrung und Angst können ohne Bewusstsein sein. Und die Liebe zu den Dingen wird wie Kierkegaards »Liebe zu Toten«[218] nicht erwidert und transzendiert damit, in Adornos Augen, Tauschprinzip und Identitätsdenken.

2 Die Furcht oder die subjektive Grenze des Denkbaren

Der Aufklärungsbegriff der *Dialektik der Aufklärung* ist geschichtlich konzipiert. Und zwar nicht nur, sofern Horkheimer und Adorno die Bewegung der Aufklärung an den Ursprüngen abendländischen Denkens aufsuchen und von da aus verfolgen bis zu deren *unerbittlichen Vollendern*, als die sie Kant, Sade und Nietzsche bezeichnen; auch der Prozess des Denkens selbst ist für die beiden Autoren Aufklärung.

»Seit je hat Aufklärung im umfassendsten Sinn fortschreitenden Denkens das Ziel verfolgt, von den Menschen die Furcht zu nehmen und sie als Herren einzusetzen.«[219]

Dieser erste Satz der *Dialektik der Aufklärung* beinhaltet drei Aspekte. Erstens bezeichnet er den Anfang der Aufklärung: *seit je*; zweitens gibt er das Mittel der Aufklärung an, das *im umfassendsten Sinn fortschreitenden Denkens* besteht und drittens weist er auf das Programm der Aufklärung hin, das bezweckt *von den Menschen die Furcht zu nehmen und sie als Herren einzusetzen*.

Der erste, oben angeführte Aspekt, dieses *seit je* ist vage, wird aber ab dem folgenden Absatz in einer geschichtlich rückwärts gerichteten Bewegung konkretisiert.[220] Ausgehend von Voltaire über Francis Bacon, Luther, das Mittelalter überspringend und erst wieder bei dem Vorsokratiker Xenophanes anknüpfend, gehen Horkheimer und Adorno zurück auf die mythischen Ursprünge des Logos in den Gestalten von Oknos, Persephone, Ariadne, Nereus und den Elementen Wasser, Luft und Feuer. Der geschichtliche Rah-

---

[218] Adorno, GS, Bd. 2, Kierkegaard Konstruktion des Ästhetischen, S. 233 f.
[219] a.a.O., Bd. 3, Dialektik der Aufklärung, S. 19
[220] a.a.O., S. 19 ff.

men der *Dialektik der Aufklärung* reicht demnach bis in die Urgeschichte der Menschheit zurück und ragt, den Autoren zufolge, von da aus hinein in die Gegenwart. In der zeitlichen Bestimmung ist damit nicht nur der Anfang der Bewegung der Aufklärung gedacht, sondern auch ihr Kontinuum, das sie von ihren Anfängen her als Erbe mit sich trägt. Gerade von dieser anthropologischen Konstante gehen die beiden Autoren in ihren Analysen aus.

Der zweite der drei schon erwähnten Aspekte nennt das Medium von Aufklärung, nämlich den *umfassendsten Sinn fortschreitenden Denkens*. Wie der zeitliche Umfang der *Dialektik der Aufklärung* ist auch dieser Gesichtspunkt, der das Mittel von Aufklärung beschreibt, extrem weit angelegt. Er reicht von Einsichten, die die dynamische Mikrostruktur des einzelnen Wortes und die logischen Strukturen betreffen, in denen die Worte gefasst sind und in denen sich der Gedanke entwickelt, bis hin zur Idee vom Fortschritt der Menschheit und deren Erlösung. In ihrem Konzept von Fortschritt versammeln Adorno und Horkheimer die zeitlichen Aspekte von Geschichte und Urgeschichte, der Bewegung des Gedankens, der Dynamik des einzelnen Begriffs und der theologischen Hoffnung. Mit diesem viele Disziplinen umgreifenden, extrem umfangreichen Ansatz stimmt der Umstand überein, dass die Autoren die Aufsätze in der *Dialektik der Aufklärung* als Fragmente bezeichnen wie auch die insgesamt essayistische Beschaffenheit ihrer Schrift. Das Fragmentarische steht aber hier nicht dem romantischen Fragment nahe. Wo das romantische Fragment an einem aus der Vergangenheit stammenden Bruchstück Konservierungsarbeit betreibt und eine unbestimmte Sehnsucht nach Vergangenem erweckt, dreht sich der fragmentarische Charakter, den die Autoren ihrer *Dialektik der Aufklärung* zuschreiben, zum einen um den inhaltlichen Maßstab, der mit dem umfangreichen Anspruch erhoben ist, und um das Bewusstsein, dass dessen vollkommene Verwirklichung, als Utopie, notwendig scheitern muss. Zum andern ist er formal gegen Totalität gedacht: Das gegen den Anspruch von Totalität gerichtete Denken unterwirft sich so, in der Form des Fragments, seiner eigenen Maxime und hält darin gleichzeitig seinen äußerst möglichen nämlich *umfassendsten* Anspruch aufrecht.

Der letzte der drei Gesichtspunkte aus der oben zitierten Eingangserwägung der *Dialektik der Aufklärung* gibt das Ziel von Aufklärung an, nämlich *von den Menschen die Furcht zu nehmen und sie als Herren einzusetzen.* In einem dialektischen Schema entspräche dem Herren entweder die Dame oder der Knecht. Auch wenn die Herr-Knecht-Dialektik aus Hegels *Phänomenologie des Geistes* mit ins Spiel kommt, benennt der exponierte erste Satz der *Dialektik der Aufklärung* nicht den Knecht als den Widerpart des Herrn, sondern sogleich das knechtische Mal: die Furcht. Indem Aufklärung den Menschen die Furcht nehmen und sie als Herren einsetzen soll, wird von den beiden Autoren indirekt Herrschaft der Furcht gegenübergestellt. So wird für die Behandlung der Problematik von vornherein eine anthropologische Weichenstellung vorgenommen. Nicht derjenige Gegensatz ist gewählt, welcher der sprachlichen Logik folgt, sondern die bestimmte Negation. Herrschaft und Furcht sind, wie Hegel gezeigt hat, die bestimmenden Motive der *Dialektik der Aufklärung*. Damit, dass Adorno der Furcht den Primat vor der Knechtschaft zuweist, zielt er auf den Vermittlungsbegriff von Herrschaft und Knechtschaft. Herr und Knecht stehen nicht in einem freien Verhältnis zueinander, beide sind durch ihre Angst aneinander gebunden und beider Furcht bildet gewissermaßen das Scharnier, das den Übergang von Hegel und Marx zu Nietzsche immanent ermöglicht. Und wie der Begriff der Identität, nach Adorno, den Indifferenzpunkt des psychologischen und des logischen Moments im Idealismus bezeichnet,[221] so leitet auch der Begriff der Furcht über von der ihrer selbst unbewussten Aufklärung in ein Denken, das sich im Widerspiel von Macht und Ohnmacht selbst erkennt.

Bildet Angst die subjektive Grenze des Denkbaren, dann stellt sich erneut Nietzsches Frage: Wie viel Wahrheit verträgt der Mensch? Wie viel Energie muss er in Strategien verwenden, die ihn vor dem Anblick seiner Angst bewahren? Mit welchem Anteil an künstlerischem Schein, logischer Ordnung oder Moral oder Dumpfheit muss er die Wahrheit verdecken, um nicht im Wahn zu enden? Im Gestus der Angst erkennt Adorno das Verstummen, das im Schock erstarrt, indem es sich dem Dinghaften angleicht bis zur Versteinerung und so Geschichte wie Urgeschichte sedimentiert.

Wie die Furcht die subjektive Grenze des Denkens zieht, so die Dinge dessen objektive. Adornos Bestrebungen können als der Versuch interpretiert werden, dies Versteinerte, Erstarrte, Verdinglichte als Niederschlag und Ausdruck der Furcht vor dem Bereich,

---

[221] Adorno, GS, Bd. 6, Negative Dialektik, S. 147

an dem Totes und Lebendiges ineinander übergehen, zu deuten. In diesem Aspekt behauptet er, mit seinen urgeschichtlichen Zuordnungen, den Primat der Macht vor der Ökonomie. Und dennoch hält Adorno eine überökonomische Sphäre für denkbar, wenn er das *Potenzial einer Welt ohne Mangel*[222] betont und die *Abschaffung des versagenden Prinzips*[223] propagiert.
Er zieht die Macht-Ohnmacht-Problematik als die grundlegendere Antinomie der Menschheitsgeschichte in Erwägung, wenn er daran erinnert, dass die Herrschaft die Planwirtschaft überlebt hat.[224] Mit diesem: *seit je* aus dem incipit der *Dialektik der Aufklärung* ziehen Adorno und Horkheimer einen Paradigmenwechsel, von der Ökonomie hin zur Anthropologie, in Betracht. Dennoch prägt Adornos Denken auch den urgeschichtlichen Bereichen der Menschheitsgeschichte den Stempel ökonomischer Kategorien auf, wenn er, wie bei der Entsagung oder beim Verzicht des Odysseus, dessen Opfer als mythisches Geld zur Beschwichtigung der Götter versteht. Und sobald er alle Kultur als Verinnerlichung des mythischen Opfers hervorhebt, stellt er ein dialektisches Verhältnis von Ökonomie und Anthropologie her.
In den ersten beiden Sätzen der *Dialektik der Aufklärung* ist ihr Programm angekündigt; hier ihr berühmter zweiter Satz:

»Aber die vollends aufgeklärte Erde strahlt im Zeichen triumphalen Unheils.«[225]

Die globale Diagnose, die Erde sei vollends aufgeklärt, ist falsch. Die Aussage gehört der provozierenden Rhetorik an, derer sich Adorno und Horkheimer bedienen.[226] Und dass das Urteil, die Aussage sei falsch, wo sie im Rahmen einer bloß formal verstandenen Rhetorik interpretiert wird, zu kurz greift, sei an dieser Stelle festgehalten. Seine Relevanz erhält es erst im Hinblick auf das Verständnis von Wahrheit als wesentlich unabschließbare. Der rhetorische Anteil in dem Satz, die vollends aufgeklärte Erde strahle in vollendetem Unheil, kann demnach als Kürzel für einen relativ

---

[222] a.a.O., S. 192
[223] a.a.O., S. 371
[224] a.a.O., S. 315 ff.
[225] Adorno, GS, Bd. 3, Dialektik der Aufklärung, S. 19
[226] vgl. auch Sybe Schaaps Erwägungen zur Übertreibung in: Die Verwirklichung der Philosophie, Würzburg, 2000, S. 99–105

differenziert verstandenen Zusammenhang interpretiert werden. Dieser Satz ist, seinem aphoristischen Charakter entsprechend, als Leitsatz der *Dialektik der Aufklärung* interpretierbar und alles Folgende als dessen Auslegung zu verstehen. Wie das berühmte Diktum aus der *Minima Moralia*: *Es gibt kein wahres Leben im Falschen* provoziert er eine Bewegung, die im Verhältnis zur Realität ein radikal Anderes postuliert. Gegen Ende des zweiten Exkurses in der *Dialektik der Aufklärung* wird im Bezug zu Sades *Histoire de Juliette* die Übertreibung im Zusammenhang mit der *schockierenden Wahrheit* gerechtfertigt:

> »Die dunklen Schriftsteller des Bürgertums haben nicht wie seine Apologeten die Konsequenzen der Aufklärung durch harmonische Doktrinen abzubiegen getrachtet. Sie haben nicht vorgegeben, daß die formalistische Vernunft in einem engeren Zusammenhang mit der Moral als mit der Unmoral stünde. Während die hellen das unlösliche Bündnis von Vernunft und Untat, von bürgerlicher Gesellschaft und Herrschaft durch Leugnung schützten, sprachen jene rücksichtslos die schockierende Wahrheit aus. ›... In die von Gattinnen- und Kindermord, von Sodomie, Mordtaten, Prostitution und Infamien besudelten Hände legt der Himmel diese Reichtümer; um mich für diese Schadtaten zu belohnen, stellt er sie mir zur Verfügung‹, sagt Clairwil im Resumé der Lebensgeschichte ihres Bruders. Sie übertreibt. Die Gerechtigkeit der schlechten Herrschaft ist nicht ganz so konsequent, nur die Scheußlichkeiten zu belohnen. Aber nur die Übertreibung ist wahr.«[227]

Horkheimer und Adorno bemühen sich bei ihrer Argumentation nicht um Differenzierungen, sie machen keinen Versuch, *das unlösliche Bündnis von Vernunft und Untat, von bürgerlicher Gesellschaft und Herrschaft* aufzuklären, stattdessen vermischen sie es noch zusätzlich mit Clairwils Rede vom Lohn des Himmels und verstärken es zur *schlechten Herrschaft*. Lässt sich der gewogene Rezipient von der Zumutung solcher Polemik nicht abschrecken, kann er Horkheimer und Adornos Übertreibungen analog zur Rechtfertigung der Amplifikation des Satzes, die vollends aufgeklärte Erde strahle im Zeichen vollendeten Unheils, werten. Sie erscheinen dann

---

[227] Adorno, GS, Bd. 3, Dialektik der Aufklärung, S. 139

als Versuch, diejenigen Extreme, zu denen es keinen durch die Kontinuität der Erfahrung vermittelten Zugang gibt, auszudrücken und doch ins Denken einzubringen. Wo der Schock zum einzig möglichen Reaktionsmuster wird, der für die Wahrnehmung keinen Spielraum lässt, in dem die subjektiven Regungen erstarren, und das Subjekt mit seiner Mimesis ans Unbelebte tendenziell zu einem Objekt oder Opfer wird, ist ein solches Verfahren durchaus nicht nur menschlich, sondern auch philosophisch gerechtfertigt. Der Schock besteht in diesem Zusammenhang als der Inbegriff von Unfreiheit. Mit dem Verstummen von Folteropfern, die die erlittene Erniedrigung nicht aussprechen oder auch nur ansatzweise verarbeiten können, kommuniziert einerseits das Schweigen der Täter, aber andererseits auch die Art der Übertreibung, die Adorno und Horkheimer hier praktizieren. Die Übersteigerung ist der ohnmächtige Versuch, dem Grauen und der Furcht auf der Ebene des Bewusstseins gerecht zu werden, es doch auf irgendeine Weise zugänglich zu machen und das Schweigen, das es umgibt, zu brechen. Um die Neutralisierung des unsäglichen Grauens, die es in dessen Rationalisierung unweigerlich erfährt, zu umgehen, bleibt noch das klassisch rhetorische Mittel der Amplifikation.

Erkenntnistheoretisch betrachtet korrespondiert die Verquickung von Schuld und Herrschaft und deren undifferenzierte Behandlung mit der Universalisierung, die Horkheimer und Adorno mit dem Begriff der Aufklärung vornehmen. In Zusammenhängen, aus denen kein rationaler Ausweg gegeben scheint und denen nur noch die expressionistische Form gerecht wird, regiert der ästhetische Reflex zurecht. Dem Subjekt, zurückgeworfen auf sich selbst, bleibt noch die Möglichkeit, wie durch ein Vergrößerungsglas dies Unrecht anzustarren und anzuprangern. Hannah Arendts großer und einsamster Satz von der Banalität des Bösen mag einer verwandten Intention entspringen. Mit ihm ist der Versuch unternommen, jenes Verhängnis im Sprung zu zerreißen, das Freud als die Bindung des Opfers an den Aggressor beschrieben hat. Durch Verkleinerung und Vergrößerung ist, gleich einem Verfremdungseffekt, die Distanz zu gewinnen, die den Schrecken der Erfahrung zugänglich macht. Und wie der Anblick einer Bonsailandschaft gewohnte Größenverhältnisse verschiebt und eine Art Schwindel erzeugt, so auch Nietzsches ins Theatralische projizierter Genuss alles Vergangenen, an dem sich Nietzsche mit dem Gedanken ewiger Zuschauerschaft, anstatt zu zittern, berauscht.

Schluss

Im Verhältnis von Adorno und Nietzsche konkretisiert sich ein Stück deutsche Geschichte. Auch die Schwierigkeiten, während des Kalten Krieges an das Nietzschearchiv in Weimar zu gelangen, und die Tabus im Zusammenhang mit Nietzsche, dem Tabubrecher schlechthin, zählen zu dieser Geschichte, so wie Adornos Exil. Vielleicht war die Dissoziation von Ort und Zeit, die Adorno vorantrieb, die Bedingung für seine Rückkehr aus dem Exil. Auf den ersten Blick erteilt Adorno, vor allem als Dialektiker, klar der Zeit den Vorrang. Erinnert sei hier nur daran, dass er mit Horkheimer in der *Dialektik der Aufklärung* der Wahrheit einen Zeitkern zuspricht. Das Thema des Raumes hinterlässt er abgewertet: für ihn ist der Raum mythisch wie der Raum den Odysseus überwindet, um zu sich kommen. Die Orte sind ihm, ähnlich einer erstarrten Geschichte, mit sich identisch, immergleich und bereit für eine ewige Wiederkehr – für Adorno der Inbegriff dessen, wogegen er andenkt: jenes Inferno, als das Blanqui seine ewige Wiederkehr entwirft.[228] Aber am extremen Umfang seiner Begriffe ist sein Denken gegen seine eigene Intention räumlich; und der Spott über Kants topologischen Eifer[229] fällt auf ihn selbst zurück. Transportiert Adorno seine Vermittlungen plastisch ins Medium der Konstellation, wird für ihn der Raum zur Form seiner intellektuellen Erwägungen, weil deren Komplexität unmittelbar die Kategorie der Anschauung zu ihrer Mitteilung erfordert. Und indem er den Begriff der Freiheit bis an die Grenze seiner Selbstaufhebung führt und jenes Tauschprinzip auf die Grundfesten von Erkenntnis ausweitet, um seine Identitätskritik zu universalisieren, denkt er räumlich. Mit der Weigerung, sich den Ort anders als aporetisch vorzustellen, schafft er Negationen des Ortes: die Utopie für die Hoffnung, den Abgrund für die Angst, den Leerraum für das Tabu, den Mittelpunkt für seine Konstellationen und schließlich den Wendepunkt für die Dialektik. Die Frage an Nietzsche wäre nun, ob diese Topologie sich nicht versuchsweise mit der Zeit verschwistern sollte, um eine Topographie des Möglichen zu proben?

---

[228] Louis Auguste Blanqui, L'eternité par les astres, Paris, 1996
[229] Adorno, GS, Bd. 6, Negative Dialektik, S. 375

Literaturverzeichnis

Abkürzungen:
GS: Theodor W. Adorno, Gesammelte Schriften
KSA: Friedrich Nietzsche, Kritische Studienausgabe

Theodor W. Adorno Archiv, Friedberger Anlage 24, 60316 Frankfurt a. M.
Adorno, Theodor W., Gesammelte Schriften, in 20 Bänden, Frankfurt a. M., 1997
Adorno, Theodor W., Aufarbeitung der Vergangenheit. Reden und Gespräche, Auswahl und Begleittext: Rolf Tiedemann, Audio Books, München, 1999
Artaud, Antonin, Das Theater und sein Double, Frankfurt a. M., 1979

Balakian, Peter, Die Hunde vom Ararat, Wien, 2000; die amerikanische Orginalausgabe heißt: Black Dog of Fate. A Memoir, New York, 1997
Bauer, Karin, Adorno's Nietzschean Narratives. Critiques of Ideology, Readings of Wagner, New York, 1999
Benjamin, Walter, Einbahnstrasse, Frankfurt a. M., 1991
Benjamin, Walter, Deutsche Menschen, Frankfurt a. M., 1984
Benjamin, Walter, Illuminationen, Frankfurt a. M., 1977
Benjamin, Walter, Ursprung des deutschen Trauerspiels, Frankfurt a. M., 1972
Benjamin, Walter, Das Passagen-Werk, Bd. 1, Frankfurt a. M., 1983
Blanqui, Louis Auguste, L'eternité par les astres, Paris, 1996
Bolz, Norbert, Die Konformisten des Andersseins, München, 1999
Bolz, Norbert, Nietzsches Spur in der Ästhetischen Theorie, in: Materialien zur ästhetischen Theorie Th. W. Adornos. Konstruktion der Moderne, Burkhardt Lindner und Martin Lüdke (Hrsg.), Frankfurt a. M., 1980
Bräutigam, Bernd, Reflexion des Schönen – schöne Reflexion, Überlegungen zur Prosa ästhetischer Theorie, Hamann, Nietzsche, Adorno, Bonn, 1975
Brieskorn, Norbert, Menschenrechte. Eine historisch-philosophische Grundlegung, Stuttgart, Berlin, Köln, 1997

Cantarutti, Giulia und Hans Schumacher (Hrsg.), Neuere Studien zur Aphoristik und Essayistik, Frankfurt a. M., Bern, New York, 1986

Foucault, Michel, Von der Freundschaft, Berlin, Merve, o. J.

Gautier, Théophile, Mademoiselle de Maupin, Stuttgart, 1965

Gödde, Christoph und Thomas Sprecher (Hrsg.), Theodor W. Adorno / Thomas Mann: Briefwechsel 1943-1955, Frankfurt a. M., 2002

Habermas, Jürgen, Der philosophische Diskurs der Moderne, Frankfurt a. M., 1981

Honneth, Axel, Kritik der Macht, Frankfurt a. M., 1985

Horkheimer, Max, Gesammelte Schriften, Band 13: Nachgelassene Schriften, 1949-1972

Jay, Martin, Dialektische Phantasie, Die Geschichte der Frankfurter Schule und des Instituts für Sozialforschung 1923-1950, Frankfurt a. M., 1976

Krüger, Heinz, Über den Aphorismus als philosophische Form, München, 1988

Lactacz, Joachim, Fruchtbares Ärgernis: ›Nietzsches Geburt der Tragödie‹ und die gräzistische Tragödienforschung, Basel, 1998

Lindgren, Astrid, Pippi Langstrumpf, Hamburg, 1987

Lindner, Burkhardt und Martin Lüdke (Hrsg.), Materialien zur ästhetischen Theorie Th. W. Adornos Konstruktion der Moderne, Frankfurt a. M., 1980

Löwith, Karl, Nietzsches Philosophie der ewigen Wiederkehr des Gleichen, Hamburg, 1978

Lonitz, Henri (Hrsg.), Adorno Benjamin Briefwechsel 1928-1940, Frankfurt a. M., 1995

Matern, Reinhard, Über Sprachgeschichte und Kabbala bei Horkheimer und Adorno, Gelsenkirchen, 1995

Maturana, Humberto und Francesco Varela, Autopoiesis and Cognition, Dordrecht, 1980

Maurer, Reinhard, Nietzsche und die Kritische Theorie, in: Nietzsche Studien, Internationales Jahrbuch für die Nietzsche-Forschung, Bd. 10/11, 1981/82, Ernst Behler, Mazzino Montinari, Wolfgang Müller-Lauter und Heinz Wenzel (Hrsg.)

Mörchen, Hermann, Macht und Herrschaft im Denken von Heidegger und Adorno, Stuttgart, 1980

Müller-Lauter, Wolfgang, Nietzsche, Seine Philosophie der Gegensätze und die Gegensätze seiner Philosophie, Berlin, New York, 1971

Nietzsche, Friedrich, Kritische Studienausgabe in 15 Bänden, Giorgio Colli und Mazzino Montinari (Hrsg.), München, Berlin, New York, 1999

Nietzsche, Werke, Kritische Gesamtausgabe, begründet von Giorgo Colli und Mazzino Montinari, weitergeführt von Volker Gerhardt, Norbert Miller, Wolfgang Müller-Lauter und Karl Pestalozzi, Herausgegeben von Marie-Luise Haase und Michael Kohlenbach, Abt. IX, Bd. 1, S. XVI, Berlin, New York, 2001

Nietzsche-Studien, Internationales Jahrbuch für die Nietzsche-Forschung, Ernst Behler, Mazzino Montinari, Wolfgang Müller-Lauter und Heinz Wenzel (Hrsg.), Berlin

Nietzsche, Werke in drei Bänden, Karl Schlechta (Hrsg.), München 1977

Ottmann, Henning, Nietzsches Stellung zur antiken und modernen Aufklärung, in: Josef Simon, (Hrsg.), Nietzsche und die philosophische Tradition, Würzburg, 1985, S. 9–34

Pege, Kai, Über Horkheimers und Adornos Auffassungen philosophischer Sprachen. Eine Analyse im Kontext jüdischer Theologien, Gelsenkirchen, 1995

Pütz, Peter, Nietzsche im Lichte der kritischen Theorie, in: Nietzsche-Studien, Internationales Jahrbuch für die Nietzsche-Forschung, Bd. 3, Berlin, 1974, Ernst Behler, Mazzino Montinari, Wolfgang Müller-Lauter und Heinz Wenzel (Hrsg.)

Rath, Norbert, Adornos kritische Theorie. Vermittlungen und Vermittlungsschwierigkeiten, Paderborn, München, Wien, Zürich, 1982

Rath, Norbert, Zur Nietzscherezeption Horkheimers und Adornos, in: Willem van Reijen (Hrsg.), Vierzig Jahre Flaschenpost: »Dialektik der Aufklärung« 1947 bis 1987, Frankfurt a. M., 1987

Reibnitz, Barbara von, Ein Kommentar zu Friedrich Nietzsches »Die Geburt der Tragödie aus dem Geiste der Musik«, Stuttgart, 1992

Reijen, Willem van, Vierzig Jahre Flaschenpost: »Dialektik der Aufklärung« 1947 bis 1987, Frankfurt a. M., 1987

Renan, Ernest, Was ist eine Nation?: Rede am 11. März 1882 an der Sorbonne, Mit einem Nachwort von Walter Euchner (EVA-Reden, Bd. 20), Hamburg, 1996

Rilke, Rainer Maria, Auguste Rodin, in: Die Kunst, Bd. 10, Richard Muther (Hrsg.), Berlin, 1902

Schaap, Sybe, Die Verwirklichung der Philosophie. Der metaphysische

Anspruch im Denken Theodor W. Adornos, Würzburg, 2000

Scholem, Gershom, Zur Kabbala und ihrer Symbolik, Frankfurt, 1995

Simon, Josef, Nietzsche und philosophische Tradition, Würzburg, 1985

Sünner, Rüdiger, Ästhetische Szientismuskritik, Zum Verhältnis von Kunst und Wissenschaft bei Nietzsche und Adorno, Frankfurt a. M., Bern, New York, 1986

Sünner, Rüdiger, Tanz der Begriffe, in: Giulia Cantarutti und Hans Schumacher (Hrsg.), Neuere Studien zur Aphoristik und Essayistik, Frankfurt a. M., Bern, New York, 1986

Tiedemann, Rolf, im Auftrag des Theodor W. Adorno Archivs, Frankfurter Adorno Blätter V, München, 1998

Turgenjew, Iwan, Väter und Söhne, Baden-Baden, 1974

Weininger, Holger, Vernunftkritik bei Nietzsche und Horkheimer / Adorno. Die Problemstellung in »Zur Genealogie der Moral« und in der »Dialektik der Aufklärung«, Dettelbach, 1998

Vattimo, Gianni, Das Ende der Moderne, Stuttgart, 1990

Personenverzeichnis

Arendt, Hannah 137
Ariadne 122
Aristoteles 54, 112
Artaud, Antonin 54 ff., 139

Bacon, Francis 132
Balakian, Peter 76, 139
Bataille, Georges 8
Bauer, Karin 15, 80, 139
Behler, Ernst 13 f., 140 f.
Benjamin, Walter 18 f., 72 ff., 78 f., 81, 90, 99, 107, 109 ff., 117 f., 130 f., 139 f.
Bergmann, Joachim 121
Blanqui, Louis Auguste 138 f.
Bloch, Ernst 61, 69 f.
Bolz, Norbert 14, 94 f., 139
Bräutigam, Bernd 14, 139
Brecht, Bertold 96
Brieskorn, Norbert 89 f., 139

Caesar, Gaius Julius 73
Cantarutti, Giulia 14, 139, 142
Colli, Giorgio 37, 70, 141

Descartes, René 19, 50, 104

Euchner, Walter 77, 141

Foerster-Nietzsche, Elisabeth 33, 36 f.
Foucault, Michel 30, 35, 140
Frank, Jacob 110

Gadamer, Hans-Georg 68 f.
Gauricus, Pomponius 11
Gautier, Théophile 9, 140
Gerhardt, Volker 141
Gödde, Christoph 131, 140

Goethe, Johann Wolfgang von 18 f., 54

Haase, Marie-Luise 37, 141
Habermas, Jürgen 15, 30, 97 f., 140
Hegel, Georg Wilhelm Friedrich 8, 17 f., 23, 26, 35, 49, 56 ff., 61 ff., 68, 88, 92 f., 96 f., 102 f., 116, 125, 127, 134
Heidegger, Martin 15, 70, 140
Heine, Heinrich 23
Heraklit 17, 67
Hippokrates 84
Hitler, Adolf 109, 124
Hölderlin, Friedrich 17
Homer 64 f.
Honneth, Axel 15, 30 f., 103, 116, 140
Horkheimer, Max 13 f., 19, 26 ff., 49 f., 68 f., 72 f., 86 ff., 91, 93–101, 103 f., 119 f., 132–138, 141 ff.
Husserl, Edmund 97

Jay, Martin 7, 14, 140

Kant, Immanuel 12, 28, 49, 56 f., 65, 77, 93, 99 ff., 110, 112, 115, 125, 127, 132, 138
Kierkegaard, Søren 105, 112, 117, 119, 125, 132
Kohlenbach, Michael 37, 141
Kolumbus, Christoph 73
Krüger, Heinz 15, 42, 84, 99, 140

Lactacz, Joachim 38, 140
Lindgren, Astrid 119, 140
Lindner, Burkhardt 10, 14, 139 f.

Lonitz, Henri 109, 113, 130, 140
Löwith, Karl 36, 140
Loyola, Ignatius von 108
Lüdke, Martin 10, 14, 139 f.
Luhmann, Niklas 74
Lukács, Georg 105, 125
Luther, Martin 132

Mann, Thomas 131, 140
Marx, Karl 8, 13, 26, 63, 97, 109, 122, 127, 134
Matern, Reinhard 50, 140
Maturana, Humberto 121, 140
Maurer, Reinhard 13, 140
Midas 45
Miller, Norbert 141
Montinari, Mazzino 13 f., 37, 70, 140, 141
Mörchen, Hermann 15, 140
Müller-Lauter, Wolfgang 13 f, 34, 37, 140 f.
Muther, Richard 11, 141

Newman, Ernest 108

Odysseus 56, 99, 135, 138
Ottmann, Henning 13, 141

Parmenides 81
Parsons, Talcott 121
Pege, Kai 50, 141
Persephone 132
Pestalozzi, Karl 37, 141
Poe, Edgar Allan 125
Pütz, Peter 14, 141
Pythagoras 73, 78 f.

Raffael, Santi 67
Rath, Norbert 14, 141
Reibnitz, Barbara von 52, 141
Reijen, Willem van 14, 141
Renan, Ernest 76 f., 141
Rilke, Rainer Maria 11, 141
Rimbaud, Arthur 10, 71

Rodin, Auguste 11, 141
Rohde, Erwin 22
Rousseau, Jean-Jacques 64

Sade, Donatien, Marquis de 99 ff., 114, 132, 136
Schaap, Sybe 15, 18, 135, 141
Schiller, Johann Christoph Friedrich von 38, 64, 107
Schlechta, Karl 141
Schlegel, Karl Wilhelm Friedrich von 23
Schlingensief, Christoph 54
Schmidt, Rüdiger 38
Scholem, Gershom 106, 109 ff., 113, 125, 142
Schopenhauer, Arthur 18, 43, 65, 71, 83, 120
Schumacher, Hans 139, 142
Simon, Josef 13, 141 f.
Sloterdijk, Peter 21, 35
Sokrates 34, 45 f., 48 f., 57, 93
Sprecher, Thomas 131, 140
Stockhausen, Karlheinz 113
Strauss, David Friedrich 71
Sünner, Rüdiger 14, 142

Tarkowskij, Andrej 92
Tiedemann, Rolf 50, 106, 111, 125, 139, 142
Turgenjew, Iwan 105, 142

Varela, Francesco 121, 140
Vattimo, Gianni 62, 87, 142
Voltaire 83 f., 132

Wagner, Richard 15, 23, 33 ff., 52, 54, 57, 62 f., 67, 71, 83, 108, 116 f., 122, 139
Weininger, Holger 104, 142
Wenzel, Heinz 13 f., 140 f.

Xenophanes 132

Sachregister

A

Abgrund, -s, -es 17, 43 f., 47 f., 82, 91, 105, 110, 112, 123, 125, 130, 138
abgründig, -e, -en 20, 33, 73, 111, 129
Abgründig|keit, -sten 49, 85, 118
Angst 24, 46, 67, 91, 92, 101, 122, 129, 132, 134, 138
anthropomorph, -e, -en, -er 9, 12, 29, 30, 33, 54, 98, 126, 128
Antisystem, -atiker 5, 17, 121
antisystematisch, -e, -en 7 f., 26, 96, 127
Aphoris|mus, -men, -tik 14 f., 20, 23, 42, 51, 84 f., 99 f., 114, 118, 119, 130, 139, 140, 142
aphoristisch, -e, -en, -er 82 f., 136
Apoll, -o 5, 34, 39, 42 ff., 47 ff., 57, 62
apollinisch, -e, -en, -er, -es 42 ff., 53, 59, 62 ff., 82
Ästhet|ik, -en, -isierung 10, 15, 36, 40, 63, 65, 83, 114, 116
ästhetisch, -e, -en, -er, -es 10 f., 14 f., 25, 39, 40 ff., 44, 47 f., 50, 52 f., 57, 59, 63, 73, 76, 88, 107, 137, 139, 140
asystematisch, -e, -en 11, 20, 31, 99, 125
aufklär|enden, -ischen, -ischer 20, 61, 95, 96, 118
Aufklärung, -s 5, 7, 9, 13 f., 19 f., 27 f., 31, 41, 49, 50, 56, 72, 77, 83, 86, 88, 91, 93 ff., 104, 106, 109, 113f., 119f., 124, 132 ff., 141 f.
Augenblick 19, 29, 71, 73 f., 79, 94, 112, 116 f.
autonom, -e, -er 8, 100, 117

Autonomie 11, 20, 30, 63, 70, 82, 98, 115 f.

B

Bild, -er, -ern 11, 44, 48, 53, 61, 87, 92, 105, 110, 123, 125 ff.

C

Christentum 36, 45, 52
christlich, -e, -chen 35 f., 45, 59, 60, 67, 84, 105, 108, 123

D

Dialektik, -er 5, 7, 8, 9, 13 f., 17, 19, 20, 23, 25 ff., 31, 34 f., 41, 49, 50 f., 60 ff., 64 ff., 71 ff., 87 f., 91 f., 97 ff., 101, 106, 109, 112 ff., 117, 120, 124, 126, 128 f., 131 f., 138, 141 f.
dialektisch, -e, -em, -en, -es 7, 9, 11, 13, 31, 60, 62, 64f., 67, 69, 70, 78, 101, 103, 104, 109, 115 f., 124 f., 134 f.
Ding, -e, -en, -es, -s 5, 20 ff., 28 f., 47, 50, 55, 67, 70, 73, 76, 93, 104, 126, 127–134
Dinghaft, -e, -en 126, 129, 134
dingliche 12
dionysisch, -e, -en, -er 43 f., 46, 51, 59, 62 f., 82, 91, 125, 127
Dionysos 5, 34 f., 39, 42, 44 f., 48 ff., 54 f., 57, 62
Distanz 18, 33, 39, 40, 61, 70, 90, 96, 114, 119, 124, 128, 137
Dualismus 34, 39, 44, 48, 50, 59
Dynamik 11, 33, 42, 45, 70, 88, 89, 126, 133
dynamisch, -e 89, 133

E

Einheit 21 f., 24, 53, 55 f., 63, 64, 74, 77 ff., 89, 90, 126, 131
einheitlichen 55, 89
Ephemere, -n 19, 46, 56, 74
episch, -e, -en 35, 61, 72, 76
Epos 72
Erfahrung 10, 29, 94, 104 f., 108 ff., 113 f., 137
Erkenntnis 8 f., 12, 22, 27 f., 30, 33, 40 f., 43, 45, 46, 48, 51 f., 57 f., 60, 64-69, 71, 73, 76 f., 82, 87, 89-94, 96, 98, 102 ff., 124, 126-131, 137 f.
ewig, -e, -en, -er 12, 25, 34 ff., 47, 56, 62, 67, 77, 79, 107, 124 ff., 137 f., 140
Ewigkeit 69, 74, 79, 112, 125, 130
existenziell, -e, -en 23, 46 f., 92, 94, 124
Existenz 9, 12, 41, 46, 48, 56, 64, 91, 105
extrem, -e, -en, -er 13, 22, 32 f., 40, 71, 74, 76, 86, 96, 107, 114, 133, 138
Extrem, -e, -s, -ismus 7 ff., 22, 31, 34, 40, 56, 60, 66, 85, 106, 116, 122, 126, 137

F

Fortschritt, -s 31, 34, 52, 62, 73, 77, 81, 91, 93, 95, 97, 108, 122, 124, 133,
frei, -e, -en, -ere, -es, -ester 8, 18, 23, 25, 36, 51, 60, 72, 85 f., 109, 113, 115 f., 134
Freiheit, -en, -s 7, 24, 30, 36, 39, 42, 62 f., 66, 76, 86, 95, 101, 107, 115 ff., 122, 127, 138
Furcht, -samkeit 5, 12, 42, 82, 91, 125, 129, 132 ff., 137

G

Geist, -e, -es 5, 8 f., 18, 21, 26, 33, 35 f., 38, 42, 49, 50 ff., 56 ff., 62 f., 83 ff., 90, 93, 97, 101 ff., 106, 111 f., 115, 129 ff., 134, 141
Glück, -s 19, 74, 79, 89, 110 f., 127
Gott, -es, -heit, -heiten 8, 39, 44, 47, 60, 110, 124 ff.
gottähnlich 126
Grenz-, -e, -en 5, 7, 10 ff., 26, 38 f., 42, 45, 47 ff., 56 f., 63, 72, 75, 86 f., 91 ff., 99, 104 ff., 109, 112, 125, 127 ff., 132, 134, 138

H

Hierarchie, -n 5, 11, 19, 71, 73, 76, 100 f., 113
hierarchisch, -e, -en 9, 72, 77, 82, 87, 98, 120 f.
Horizont, -s 42, 53 ff., 71, 75, 81, 100, 106, 122

I

Intention, -en 23, 29, 33, 47, 60, 78, 85, 87, 90, 95 f., 111, 113, 137 f.
intentionslosen 111

J

Jugendstil, -s 61, 68 ff.

K

Kritik 10, 13, 15, 17, 20, 23, 27, 30, 36, 46, 59, 60 f., 65, 68 ff., 86, 88, 97 f., 101, 103 f., 106, 116, 120 ff., 127, 131, 140
Kritische Theorie 13, 27, 30, 94, 98, 103, 140
kritische Theorie 13, 141
Kultur, -en 9, 15, 31, 32, 43-46, 53, 55, 64, 76, 81, 86, 88 ff., 114, 118, 122 ff., 135
Kunst 11, 14, 21, 38-45, 50, 52 f., 57, 63-67, 81-85, 116 f., 141 f.

L

Leben, -s 9, 17 ff., 22, 33, 36, 39, 40 f., 46 f., 53, 55, 61, 65 f., 71, 74, 104 f., 108, 110, 112, 125, 129, 136
Leidenschaftlen, -lichkeit 52, 53, 75
leidenschaftlich, -e 20, 59
Lieb, -e, -es 45, 57, 86, 105, 119, 124, 127, 129, 130, 132
Logik 7, 12, 18, 23 f., 30 f., 41, 47, 63, 87, 89, 97, 100, 102, 121 f., 126, 134
logisch, -e, en, -er, es 8, 11 f., 15, 20, 22 f., 25 f., 46, 48 f., 52, 57, 60, 62 f., 66, 86, 92, 98, 102, 129, 133 f.
Lüge, -n 31, 47
Lust 51 f.

M

Macht 3, 5, 8–12, 15, 19 f., 26., 30–34, 38, 54, 57–1, 63, 75 f., 82, 86–91, 98–101, 103, 112 f., 116, 120 ff., 125 f., 128 f., 134 f., 140
Mangel, -s 18, 23, 68, 86, 107, 122, 127
Maß 8, 21, 24, 33 f., 47 f., 50 f., 53, 56, 66, 71, 75 ff., 80, 92 ff., 97, 102, 120, 133
Mensch, -en 17f., 21, 27, 29, 42 f., 45–48, 50, 52, 55, 57, 60, 64, 67, 71, 74 ff., 79, 81, 84, 88–92, 100 f., 115, 120, 123 f., 126, 128, 131–134, 139
Menschheit, -s 7, 21, 49, 51, 61, 62, 64, 71 f., 79, 88 ff., 94, 120, 121, 123, 125, 133, 135
menschlich, -e, -en, -er, -es 9, 12, 25, 29, 30, 35, 41, 46, 48, 56 f., 59, 60, 62, 65, 72, 82–88, 90–95, 110, 113, 119, 121 f., 126, 131, 137
Metaphysik 41 f., 55, 111 f.

metaphysisch, -e, -en 10, 15, 18, 39, 42, 55, 96, 141
Methodle, -en, -ik 23, 27, 34, 52, 57, 63, 69, 93, 105, 125 f.
methodische 27, 63, 66
Minimalismus 5, 20, 113, 118, 125
Mittelpunkt 7, 87, 138
Möglichkeit, -en 10 ff., 21 f., 25, 31, 41, 55, 58, 62, 64, 67, 77, 81, 87 f., 95, 104, 107, 109, 111, 113, 122, 123, 137
Musik, -er 14, 18, 24 f., 35, 38, 42, 50, 52, 62, 116, 141
musikalisch, -e, -en 24, 122
Mystlik, -iker, -ikers, -izismus 48, 107 ff., 113
mystisch, -e, -en, -er 48, 54, 87, 101, 106, 108, 109 f., 113
Mythen 53, 55 f., 106
mythisch, -e, -en, -er, -es 9, 28, 53, 54, 56 f., 86, 99, 113, 132, 135, 138
Mythologie, -n 56, 106
mythologisch, -e, -en 27, 63, 72, 88, 95
Mythos 9, 20, 26 f., 49, 53 ff., 72, 91 f., 99, 106–109, 111, 113

N

Natur 9, 43 f., 48 f., 52–55, 64 f., 75, 86, 88–91, 120 f., 127
Naturgeschichte 5, 52, 88, 119, 120
naturgeschichtlich, -e, -en 49, 72, 87 f., 125
natürlich, -en, -er 51, 65
naturwissenschaftliche 63
Nihilislmus, -ten 5, 82, 93, 101, 105 f., 110 f., 113, 119
nihilistisch, -en, -er 50, 105, 107, 109 f., 122
notwendig, -e, -en 12, 26, 39, 46f., 54, 72, 133

Notwendigkeit 47f., 62, 76f., 114

O

Objekt, -e, -s 8, 12, 22, 24, 64 ff., 72, 96, 102, 127–131, 137
objektiv, -e, -en 5, 31, 57, 72, 77, 80 f., 95, 97, 103, 127, 134
Objektivlität, -ation 12, 28, 52, 53, 57, 59, 65 f., 80, 92, 117, 128, 131
objektiviert 117
Ohnmacht, -s 3, 5, 9, 11, 30, 34, 38, 51, 54, 58, 63, 86, 91, 93, 98, 100 f., 107, 112, 116, 122, 125 f., 129, 134, 135
ohnmächtig, -e, -en 47, 112, 126, 137
Ökonomile, -sierung 30, 87, 107, 118, 127, 135
ökonomisch, -e, -en, -er 59, 93, 99, 109, 122, 125, 131, 135
Ordo 128

P

paradox, -e, -en 7, 10, 33, 106, 127, 131
Paradox, -ie 66, 81, 112
potentiell, -e 88, 131
Potenzial 5, 9 f., 21, 24, 26 f., 30, 70, 74, 77, 88, 119, 121, 135

R

Rhetorik 25, 135
rhetorisch, -e, -en 20, 32, 135, 137

S

Schein, -e, -es, -s 5, 20, 40 f., 43, 47 f., 50 f., 61, 65 ff., 70, 78, 91, 100, 130, 134
scheinbar, -en 27, 47, 58
scheinen 63, 71, 127
Schock 94, 134, 137
schockieren, -de, -den 61, 136
schön, -e, -en, -er 14, 19, 41, 49, 139

Schönheit 43, 47 f., 69, 107, 125
Selbst 7, 21 f., 35 ff., 107, 126
Sprach, -e 5, 8 f., 16 f., 19, 22–29, 37, 49 f., 56, 68, 70, 87, 111, 129, 140
sprachlich, -er, -en 16, 24 f., 134
Sprachlose 26
Subjekt, -e, -s, -iven, -ivismus, -ivität 8, 12, 20–24, 29f., 63–66, 73 f., 76, 88 f., 91, 95, 98, 101 f., 112, 115, 117 f., 126–131, 137
subjektiv, -e, -en, -es 5, 12, 30, 35, 40, 47, 62 ff., 72, 80, 86, 97, 102, 113, 116, 128, 132, 134, 137
System, -atik, -e, -en 8, 15, 17 f., 22 f., 25 f., 30 f., 54, 74 f., 77, 93, 98 ff., 106, 113, 121
systematisch, -e, -en 15, 17, 22, 33, 36, 86, 96, 100, 118 f.
Systematisierung, -en, -s 37 f., 100
Systemtheolrie, -retiker, -retikern 32, 75, 121
systemtheoretischer 121

T

Tabu, -s 15, 87, 93, 126, 138
tabuiert 109
Theologie, -n 12, 50, 60, 71, 93, 109, 113, 141
theologisch, -e, -en, -er 41, 60, 108 ff. 113, 133
Tod, -es 8, 21, 35, 37, 54, 55, 68, 84, 93, 107, 112, 129
tot 60
Tote, -n, -s 126, 129, 131 f., 135
Tragik 56, 76, 107
tragisch, -e, -en 49, 54 f., 79, 105
Tragödie, -n 5, 34 ff., 38 f., 42 f., 48 f., 52–57, 62–66, 78 f., 82, 84, 91, 140 f.

U

Überfluss, -es 52, 86 f., 127, 131
Übergang 20f., 55, 88, 97, 112, 134

überhistorisch, -es 69, 81
Überhistorischen 80
überökonomisch, -e, -en 131, 135
Untergang, -s 66, 111, 117
Utopie, -n 8, 30f., 61, 96, 101, 115, 123, 125, 133, 138
utopisch, -e, -en 8, 13, 131

V

verdinglicht, -te, -ender 128, 129, 134
Verdinglichung 129, 131
Vergängliches 19
Vergängnis 107
Vergehen 100, 107, 113
Vernunft 17, 20, 22, 45, 49, 53, 57, 60, 81, 92 f., 97 f., 104, 114, 128, 136
vernunftgemäßen 86
vernünftig, -e, -es 88, 92
Vernunftkritik 20, 49, 56, 98, 104, 142
vernunftkritisch, -en 19, 98
versöhnlicher, -ten 90, 122
Versöhnlichkeit, -ung 52, 63, 77

W

wahr, -es 20, 48, 136
Wahrheit, -s, -en 5, 8, 11, 25, 29, 30, 34, 36 f., 39, 41 f., 46 ff., 50, 52, 56, 58, 61 ff., 67, 72–77, 79, 91 f., 94, 97 f., 100, 105, 111, 123, 125, 129, 130, 134 ff., 138
Wende 9, 27, 88, 94
Widerspruch, -e, -es, -s 7, 13, 29, 41, 44, 61f., 67, 69, 92, 100 f., 115, 117
Wiederkehr 35 f., 79, 124 ff., 138, 140
wiederkehrende, -n 52, 96
Wiederkunft 36, 56, 62, 107, 124
Wille, -n, -ns 22 f., 33, 37, 42, 52, 58, 60, 65 ff., 78, 80, 89, 113, 115 ff., 120 ff.
Wissenschaft 9, 12, 14, 21, 27, 35, 39, 40, 45, 63, 67, 83 f., 91 f., 96, 101, 103, 142
Wissenschaftskritik 12, 24, 36, 101 f.
wissenschaftskritisch 7, 15, 40, 61, 98, 108

Z

Zarathustra 24, 35, 36, 38, 42, 55, 71, 74, 86, 101, 105, 112, 117, 123, 125, 126
Ziel 28, 47, 53, 57, 59, 72, 85, 89, 123, 132 f.
Zuschauer, -schaft 79, 82, 107, 126, 137